AIRBAGS GEGEN DIE

FREMDENFEINDLICHKEIT

Ratschläge von Luc Degla

Den Fremden begegnen wir überall,
am Arbeitsplatz, auf dem Sportplatz, in der Freizeit,
unter Freunden und in der Liebe.

Bundesministerium
für Familie, Senioren, Frauen
und Jugend

VIELFALT TUT GUT.
JUGEND FÜR VIELFALT, TOLERANZ UND DEMOKRATIE

Gefördert im Rahmen
des Bundesprogramms
»Vielfalt tut gut.
Jugend für Vielfalt,
Toleranz und Demokratie«

Stadt  **Braunschweig**
Sozialreferat
Büro für Migrationsfragen

1 EINFÜHRUNG

Die Frage der Fremdenfeindlichkeit beschäftigt mich, seit ich meine Füße auf den europäischen Kontinent gesetzt habe. Nachdem ich die klassische Auseinandersetzung zwischen Schwarzen und Weißen erfahren hatte, stellte ich fest, dass auch der Tutsi den Hutu nicht mag, dass oft die Russen die Kaukasier nicht unbedingt mögen, dass viele Holländer die Deutschen nicht leiden können, dass Polen, Schlesier, Deutsche und Sudeten sich beharken, Türken und Kurden sich bekämpfen usw.

In der Schweiz wird seit dem Jahr 2000 von einer »deutschen Welle« gesprochen, weil immer mehr Deutsche dorthin auswandern. Dies wird in Deutschland mit Gelassenheit aufgenommen, weil die Deutschen anscheinend keinen Minderwertigkeitskomplex gegenüber ihren Nachbarn in den Alpen empfinden. Wie hätten jedoch die Reaktionen ausgesehen, wenn die Boulevardblätter statt gegen eine »Germanisierung« gegen eine »Afrikanisierung der Schweiz« propagiert hätten? Das Paradox dabei ist, dass oft eine Volksgruppe protestiert, weil eine andere sie diskriminiert, aber diese selbst sich nicht scheut, eine dritte Volksgruppe auszugrenzen. So beklagen sich manche Türken in Deutschland über Diskriminierung, gehen aber nicht zimperlich mit ihren Nachbarn, den Kurden, um.

Die Fremdenfeindlichkeit wurde zu meiner Zeit in Russland mit einem einfachen Mittel beantwortet: mit Nichtbeachtung. Die ausländischen Studenten kamen unvorbereitet auf dieses Phänomen ins Land und fühlten sich ständig in einer feindlichen Umgebung. Sprach man die Behörden an, spielten sie Mitleid vor und antworteten: »Vergessen Sie diese Idioten! Das sind ungebildete Leute, die keine Beachtung verdienen.« Und das Thema wurde gewechselt. Aber die Prügel und Beschimpfungen auf der Straße gingen weiter, die Studierenden waren gezwungen, sich bei den älteren Studenten zu erkundigen oder ihre eigene Überlebensstrategie zu entwickeln.

Die meisten Deutschen gehen mit der Fremdenfeindlichkeit anders um. Wenn ein Ausländer überfallen wird, reagieren sie mit lautem Entsetzen oder hysterisch. Den deutschen Jugendlichen wird in den Schulen vermittelt, welche Stellung der Ausländer in ihrem Leben hat. Dabei wird um Freundlichkeit und Toleranz geworben: »Deine Demokratie ist griechisch, deine Zahlen sind arabisch, deine Pizza ist italienisch, usw.«

Es existieren in Deutschland viele Programme zur Bekämpfung der Fremdenfeindlichkeit und des Rassismus. Die Frage ist, wie sich solche Phänomene am besten bekämpfen lassen, wenn die Bürger, Ausländer sowie Einheimische, im Alltag ständig mit Meldungen und Verhaltensweisen konfrontiert werden, die ihre Gefühle stark beanspruchen?

Was wird bekämpft? Das Problem oder seine Folgen? Das ist der Punkt, in dem ich mit den gängigen Meinungen nicht immer einverstanden bin. In Deutschland kann man ungestraft laut sagen: »Ich kann keine Kinder oder keine dicken Menschen leiden.« Aber keiner kann sich trauen, öffentlich zu sagen, dass er Afrikaner nicht mag – dann würde er als Rassist abgestempelt werden. Eigentlich reagieren wir so, weil Rechtsradikale in Deutschland in der Vergangenheit Afrikaner misshandelt, gedemütigt und ermordet haben, während diejenigen, die Kinder nicht leiden können, noch nicht als Mörder oder ähnliches in die Schlagzeile geraten sind. Antisemiten werden auch erst nach dem zweiten Weltkrieg stumm geworden sein, weil jeder die Grausamkeiten, die in Deutschland stattgefunden haben, vor Augen hat.

Aus diesem Grund meine ich, dass nur der Staat durch seine Gesetze und Schutzmechanismen den offenen Rassismus bekämpfen kann, indem er dem Fremden Platz einräumt, damit er diejenigen umgehen kann, die ihn ausgrenzen wollen.

Dieser Ratgeber soll denjenigen helfen, die der Fremdenfeindlichkeit ausgesetzt sind, etwas entspannter in einer Umgebung zu leben, indem sie davon ausgehen, dass sie nicht unbedingt willkommen sind. Deutsche, die ihre ausländischen Mitbürger verstehen wollen, und die, die in einem anderen Land als Ausländer leben werden, können ihn auch gut gebrauchen.

Airbags sind die Luftkissen, die in ein Auto eingebaut werden, damit sie sich beim Aufprall automatisch aufblasen, um die Insassen vor Verletzungen zu schützen. In diesem Buch zähle ich symbolische Airbags auf, ihre Aufgaben sind die gleichen. Es sind Handlungsempfehlungen, Gedanken und Lehren, die aus realen Situationen hervorgegangen sind.

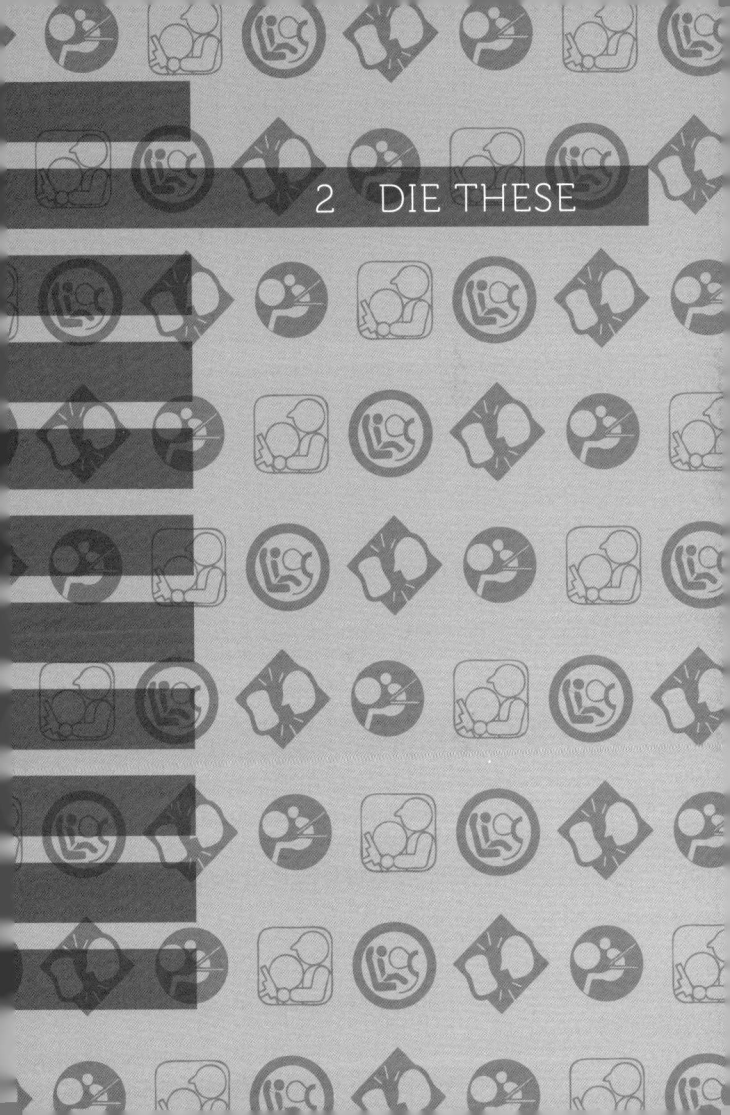

2 DIE THESE

Der Fremde kommt in den Raum

Ein Reisender steigt in einen Zug. Er trägt einige Sachen mit sich: einen Aktenkoffer, einen Koffer und einen Mantel. Auf der Suche nach einem Platz findet er ein leeres Abteil. Er schaut, ob die Plätze reserviert sind. Sie sind alle frei. Er tritt ein und stellt den Koffer oben auf die Gepäckablage, seinen Aktenkoffer legt er auf den Sitz nebenan, sein Mantel kommt auf den Sitz gegenüber. Er freut sich, in Ruhe reisen zu können, und denkt daran, kurz zu schlafen.

Während der Fahrt schafft es ein anderer Reisender, der den Zug gerade noch erreicht hat, bis zu dem Abteil unseres ersten Reisenden und öffnet die Tür.

Das erste, was dem ersten Reisenden einfallen wird, ist: »Hat er kein anderes Abteil gefunden?«

Bis zu sechs Personen dürfen im Abteil Platz nehmen, trotzdem wird der erste Reisende mit einem ablehnenden Gefühl gegenüber dem neuen Fahrgast seine Sachen wegräumen und die Plätze frei machen. Wenn der neue Fahrgast freundlich ist und den ersten grüßt, kann diese Tatsache für eine Entspannung im Abteil sorgen. Der erste Fahrgast, der sich in seine Ecke zurückgezogen hat, wird sich wieder wohlfühlen. Sie werden vielleicht ins Gespräch kommen und interessante Dinge austauschen. Er wird sich vielleicht am Ende der Fahrt freuen, einen Begleiter gehabt zu haben. Ansonsten wird der Erste gestört in seiner Ecke bleiben und die ganze Zeit den Blick durch das Fenster auf die vorbeirauschende Landschaft richten. Der andere Fahrgast wird auch versuchen, den ihm zustehenden Platz nicht zu überschreiten. Und so wird sich dieses Verhalten bei jedem weiteren Hinzukommenden wiederholen, bis das Abteil voll besetzt ist. Jeder neue Fahrgast beeinflusst automatisch die Stimmung im Abteil. Es kann sein, dass die Gäste sich fröhlich unterhalten, bis ein weiterer sie alle durch sein Verhalten zum Schweigen bringt.

Jeder, der schon mal mit dem Zug gereist ist, kennt sicherlich dieses Phänomen.

Was der erste Fahrgast gefühlt hat, als der zweite Reisende hinzugekommen ist, wird ein Kind noch viel stärker empfinden, wenn seine Eltern plötzlich, von heute auf morgen, ein Waisenkind bei sich aufnehmen. Die Tatsache, dass ein Kind im fast gleichen Alter auftaucht und auch die Aufmerksamkeit der Eltern beansprucht, kann das erste Kind kränken oder bei ihm Ressentiments gegenüber dem Waisenkind hervorrufen. Nicht von ungefähr gibt es sehr viele Märchen, die das Martyrium von Waisenkindern thematisieren.

Falls die Reisenden sich nicht näher kommen und jeder in seinen Grenzen bleibt, sind sie auf sich allein gestellt. Die kurze Zeit der Fahrt wird ihnen keine Möglichkeit zu offener Feindseligkeit geben. Sie werden still und schweigend die Reise fortsetzen, bis sie aussteigen.

Aber das Kind, dessen Eltern ein Waisenkind zu sich genommen haben, wird jahrelang seinen Raum mit dem neuen Ankömmling teilen müssen. Es könnte eine große Freundschaft entstehen. Sicherlich gäbe es auch Streitigkeiten. Ein Sprichwort in Benin sagt: »Die Zähne und die Zunge kennen sich und leben seit einer Ewigkeit zusammen, trotzdem kommt es vor, dass sie aufeinander treten und sich wehtun.«

Das erste Kind wird sich gegenüber seinen Eltern berechtigter fühlen, es meint, ihm stehen alle Rechte zu. In diesem Fall sind es die Eltern, die schlichten müssen. Sie müssen sich so verhalten, dass ihr eigenes Kind nicht eifersüchtig auf das Waisenkind wird und es als Freund aufnimmt.

Da die Umgebung neu und fremd ist, da es die Aufnahme bei seinen Pflegeeltern als eine großzügige Geste ansieht, wird das Waisenkind sich zurückhaltend benehmen. Es ist die Aufgabe der Pflegeeltern, ihm Vertrauen zu geben, ihm die Möglichkeit zu geben, sich zu entfalten und sich wohlzufühlen.

Falls die beiden Kinder sich streiten, müssen die Eltern unparteiisch vermitteln. Ihr eigenes Kind könnte sogar versuchen, sie zu belügen, damit das andere unglaubwürdig erscheint.

Mit diesen beiden Beispielen möchte ich nur zeigen, dass die Fremdenfeindlichkeit eine ganz normale menschliche Charaktereigenschaft ist, die man ebenso schwer wie die Eifersucht und den Neid bei einem Menschen bekämpfen kann.

Jeder Mensch trägt diesen Keim, der auf verschiedene Weise zu Tage kommt, in sich. Einige Menschen sind weiser als andere. Man kann nicht von allen Menschen dasselbe Verhalten erwarten. Viele in Deutschland können sich noch daran erinnern, dass die Menschen, die im Jahr 1945 aus Schlesien vertrieben wurden, erst dann nicht mehr beschimpft wurden, als die ersten Gastarbeiter aus Italien nach Deutschland kamen. Die Italiener fanden Ruhe, nachdem die Türken gekommen waren, usw. Hätte man keine Debatte über den Islam, hätten sicherlich die Aussiedler aus Ost-Europa die Türken aus den Schlagzeilen verdrängt.

Der Raum, den der Fremde besetzt, ist fiktiv und muss nicht unbedingt räumlich begrenzt sein, es kann sich um eine Arbeitsstelle oder etwas anderes handeln. Anstelle der Eltern spielt der Staat in einem Land die entscheidende Rolle. Der Staat muss vermitteln und allen im Land lebenden Menschen das Gefühl der Sicherheit geben, unabhängig von ihrer Rasse, Herkunft, Religion oder ihrem Geschlecht. Leider ist das nicht immer der Fall, weil die Staaten keine Eltern sind bzw. sein wollen. Politiker benutzen oft gezielt die Gefühle, die oben beschrieben wurden, um Wahlen zu gewinnen. In der ganzen Welt sind die Ausländer immer die ersten Leidtragenden einer gescheiterten Politik.

Würden die Neo-Nazis in Deutschland, wenn sie Ausländer verprügeln, so bestraft, wie es sein sollte, dann hätten sie sicherlich schon damit aufgehört. Wie viele Menschen hassen ihren Chef? Wie viele hätten gern den Kollegen verprügelt? Aber wie oft kommt aus der Presse die Meldung, dass ein Chef oder ein Angestellter geschlagen wurde? Die Mitarbeiter wissen, welche Strafe sie riskieren, wenn sie in den Betrieben die Hand gegen einen ihrer Kollegen erheben.

Es wird oft behauptet, dass die Fremdenfeindlichkeit mit dem Bildungsniveau zu tun habe: Je niedriger die Bildung, desto fremdenfeindlicher seien die Menschen. Dieser Meinung bin ich nicht. Die unerwünschten Ausländer leben meistens mit dem einfachen Volk und selten in den teure-

ren Siedlungen. Man findet mehr Schwiegereltern von ausländischen Mitbürgern in einfachen Milieus als unter Politikern oder Intellektuellen. Aber die Intellektuellen, die
Beamten und die Politiker sind diejenigen, die in erster Linie
den Staat bilden, von ihnen werden die Theorien entwickelt
und die Gesetze geschrieben. Die Anderen, das so genannte
Volk, stellen nur die Wählerschaft dar. Zusammen machen
sie das Land aus.

Die meisten einfachen Menschen können ihre Ressentiments nur mit Gewalt ausdrücken, während die Intellektuellen stillschweigend ihre Theorien auslegen.

Positive und negative Feststellungen sind menschlich und
bestimmen irgendwann, nach wiederholten Erfahrungen,
unsere Handlungen. Es kann keiner behaupten, dass die Ar-
beitssuchenden – alle Bürger im Allgemeinen – etwa nicht
nach bestimmten Mustern, die nichts anderes als Vorurteile
oder Klischees sind, eingestellt werden. Deshalb glaube ich,
dass Fremdenfeindlichkeit kein Problem ist, wenn der Staat
die Fremden schützt und ihnen Raum bietet. Seine missra-
tenen Fremden muss er genauso wie seine eigenen missra-
tenen Bürger behandeln.

Airbag Nr. 1: *Nicht alle Menschen können Sie lieben und freundlich aufnehmen. Jeder kann Hassgefühle haben. Es gibt weder
gute noch schlechte Antipathie. Feindseligkeit gleich Feindseligkeit. Einige können Ausländer nicht ausstehen, andere die Glatz-
köpfe. Wenn Sie diese Einstellung verinnerlicht haben, können
Sie emotionslos jedem begegnen, der Sie nicht mag und vielleicht
ablehnt. Sie müssen Ruhe bewahren und daran denken, dass er*

die Freiheit hat, Sie zu mögen ebenso wie Sie nicht zu mögen, so-
lange er seinem Unmut nicht mit den Fäusten Ausdruck verleiht.
Wenn Sie soweit gedacht haben, können Sie mit weniger psychi-
scher Belastung in Ihrer Umgebung leben, Gewalt eher aus dem
Weg gehen und sogar einen Ihnen feindlich gegenüber stehenden
Menschen durch Ihre Ruhe völlig entmachten.

Apartheid in Südafrika

Als im Jahr 2008 ausländerfeindliche Angriffe gegen
Einwanderer aus Zimbabwe in Südafrika stattfanden,
habe ich mich gefragt, was Mandela wohl darüber dachte. Dieses Land hat mich eine Menge gelehrt, ich habe
verstanden, dass der Kampf einer Generation auch nur
diese Generation betrifft. Man kann die Grausamkeiten
in den Geschichtsbüchern aufzeichnen, richtig nachvollziehen können die nachfolgenden Generationen sie nicht.
Einem Siebzehnjährigen, der in Deutschland seine Freundin problemlos in der elterlichen Wohnung
empfängt, kann schlecht erklärt werden, wie die Eltern in den Fünfzigern sich bemüht haben, irgendei-
ne Art von Intimität zu genießen. Ich muss immer wieder feststellen, wie irritiert ich reagiere, wenn ich
während meiner Vortragsreisen auf einem Campus jungen Afrikanern und Afrikanerinnen begegne und sie
auf meine Begrüßung nicht antworten, weil sie mich nicht
kennen. Zu meiner Zeit als Student waren wir weltweit
eine schwarze Gemeinde, die ihren Ursprung in den Be-
freiungskriegen hatte. Mit dem Ende der Rassentrennung
in Amerika und der Apartheid in Südafrika ist auch die-

18

ses Wir-Gefühl verloren gegangen. Was normal, teilweise erfreulich und Zeichen ihrer Akzeptanz in der deutschen Gesellschaft ist. Wer sich wohl fühlt, braucht nicht seinesgleichen zu suchen, um eine Front zu bilden, die ihn schützen soll.

Als interessierter Jugendlicher stand ich 1985 um 5 Uhr auf, um die Nachrichten von Radio Südafrika in Französisch zu empfangen. Mühsam stellte ich die Wellen ein und lauschte gespannt, wie der Kampf zwischen dem ANC und der weißen Regierung ausgetragen wurde. Die Schwarzen wurden als Terroristen bezeichnet und ich konnte nicht nachvollziehen, wie eine Regierung, aufgrund der Rasse eine Trennlinie durch die Bevölkerung ziehen konnte. Ich bekam einen Schock, als ich hörte, dass die südafrikanische Regierung eine angolanische Rebellen-Bewegung gegen die offizielle Regierung unterstützte. Die ganze Geschichte hatte keine Logik, sie bekämpfen die Schwarzen im eigenen Land, unterstützen andere Schwarze in einem anderen. Sie müssen sich doch treffen, der Jonas Savimbi, der Chef der Bewegung, muss doch ab und zu nach Pretoria reisen? Wem gibt er die Hand? Wie betritt er das Präsidentenpalais in Südafrika? Die Ministerien? Ist er noch ein Schwarzer?

Einige Monate später bekam ich durch eine Radiosendung, die von einem französischen Sender produziert worden war, Klarheit in meiner Verwirrung. Ein schwarzer Kanadier fuhr als Kameramann mit einer Fernsehmannschaft nach Südafrika. Im Lande mussten die Fahrgäste, bevor sie in die Busse einstiegen, ihren Ausweis zeigen. Wenn er sei-

nen kanadischen Pass zeigte und sich anders als seine weißen Kollegen zu den Schwarzen setzen wollte, wurde ihm
ein Platz bei den Weißen zugewiesen. Er fand das Ganze
merkwürdig. So kam er an einen Strand, blieb zurück und
ließ seine weißen Kollegen über die Grenzlinie gehen. Der
weiße Chef des Restaurants sah ihn von fern und deutete
ihm an, seinen Kollegen zu folgen. Alles in allem, Interessen regieren die Welt, Interessen bestimmen die Fremdenfeindlichkeit.

*Airbag Nr. 2: Die Rassentrennung war absurd und die Auslän-
derfeindlichkeit kann ein Machtinstrument sein. Die Kriterien
können variieren, je nachdem, wie die Vorherrschaft einer Gruppe aufgebaut werden soll.
Ausländerfeindlichkeit hat nicht unbedingt mit der Hautfarbe
zu tun. In der brasilianischen Stadt Bahia sagt der Volksmund:
»Ein armer Weißer ist ein Neger.« Die Kriterien können unterschiedlich sein. Die Hautfarbe, das Herkunftsland, die Sprache
oder die Religion. Diese Kriterien dienen aber auch dazu, den
Fremden aus einem Raum auszuschließen, den Einheimischen
ihm gegenüber einen Vorteil zu verschaffen.*

Ideologien sind mit den Interessen stark verknüpft. So ken-
ne ich jemanden, der in seiner Hippie-Zeit die SPD gewählt
hat, dann die FDP, als er Geschäftsmann wurde, und später
die Grünen, weil nicht weit von seinem Wohnort ein Atom-
mülllager errichtet wurde. Andere Menschen haben manchmal keine eigene Meinung und folgen wie Schafe einem Ru-
delführer. Sie sind schwer von anderem Gedankengut zu

überzeugen, weil die Grundlage fehlt, auf der die eigene Meinung gebildet werden kann. Gehen Sie ohne Kränkung jeder Art Extremisten aus dem Weg. Das ist keine Feigheit, sondern Vernunft.

Noch eine Zugfahrt

Bleiben wir im Zug. Ich befand mich auf einer Fahrt vom Norden Deutschlands Richtung Stuttgart. Zwei dreißigjährige Männer unterhielten sich über die Schwierigkeit ihrer Berufe. »Ich bekomme nur noch Aufträge aus Baden-Württemberg. Sie sind die einzigen, die trotz der Wirtschaftskrise noch Geld haben, die anderen kannst du vergessen ...«

»Aber die Schwaben sind doch kompliziert. Das sind komische Menschen.«

»Du hast Recht. Ich habe mal in Stuttgart gewohnt. Mein Nachbar hat um halb elf an einem Sonnabend an meine Tür geklopft, um mich daran zu erinnern, dass ich Kehrwoche habe. Kannst du dir das vorstellen? Der Tag hatte gerade begonnen.«

Und so verlief das Gespräch die ganze Zeit. Außer mir war noch eine Frau im Abteil, ich kannte ihre Herkunft nicht, aber sie hätte eine Schwäbin sein können. Fakt ist, dass die beiden sich unbekümmert in unserer Anwesenheit über die Schwaben hermachten. Ich stellte mir die Frage: Was hätten wir im Abteil gemacht, wenn sie sich so über ihre ausländischen Kollegen unterhalten hätten?

Wie der Zufall alles regelt. Nachdem die Frau das Abteil bzw. den Zug verlassen hatte, stieg kurz darauf ein Deutscher türkischer Abstammung ein. Er kannte einen der beiden. Sie begrüßten sich, er sah mich und sprach mich an. »Solidarität unter den Ausländern!« dachte ich.

Das Gespräch kam nach einer Weile auf die Thematik Ausländer sein in Deutschland. Er erzählte mir, dass man als Türke nie in der deutschen Gesellschaft ankommen könne. Der Türke kann auf einen Baum klettern, auf dessen Spitze stehen und versuchen den Himmel zu berühren, die Deutschen werden sagen, dass er nicht hoch genug geklettert sei. Zu diesem Zeitpunkt mischte sich einer der beiden, die bis dahin mit mir gereist waren, ein: »Meine Lieben, so geht es uns Ost-Deutschen auch. Hier im Westen, egal, was wir machen, bleiben wir immer Ossis. Ich habe einen Berliner Akzent und sie fragen mich, ob ich aus dem Osten komme. Wenn ich mit »ja« antworte, sagen sie gleich: »Dann bist du ein Opfer?« Sage ich »nein«, folgt: »Dann warst du Stasi-Mitglied?« Es ist immer dasselbe!

Der Mitreisende hatte die ganze Zeit keine große Vorliebe für die Schwaben gezeigt, aber die Abgrenzung, die er erlebte, weil er ein Ossi war, erkannte er. So komme ich zum nächsten Alrbag.

Airbag Nr. 3: *Alle Menschen fühlen sich als Opfer von Ausländerfeindlichkeit oder besser gesagt als von einer anderen Volksgruppe schlecht behandelt. Die Minderheiten sowieso. Die Anderen sind immer schuld. Selbst die Europäer fühlen sich alle angegriffen, wenn ein europäischer Staatsbürger außerhalb Europas ins Gefängnis kommt. Seine Festnahme wird Thema Nr. 1 in den hiesigen Medien, als ob die Gefängnisse in Europa selbst menschenleer wären.*

Die Teilung der Gesellschaft:
Die verschiedenen Räume

Der Mensch gehört in einer Gesellschaft grundsätzlich zu einer Gruppe von Personen, die sich durch die gleichen Merkmale wie Kleidung, Aussprache usw. ähneln. Falls einer zu keiner Gruppe gehören möchte, wird er, ob er will oder nicht, einer Gruppe zugeteilt. So erzählte ich während eines Interviews einer Journalistin, man brauche nur eine Mauer durch Braunschweig zu ziehen, um einige Jahre später zwei Volksgruppen zu erhalten, so wie Ost- und Westdeutschland, da antwortete mein zweiter Interviewpartner, dass man keine Mauer brauche, sondern nur eine zweite Fußballmannschaft in derselben Liga wie die erste Mannschaft, Eintracht Braunschweig, und schon hat man zwei Typen von Braunschweigern.

Der Mensch unterscheidet gerne zwischen dem, was ihm lieb und dem, was ihm fremd ist. Dadurch vereinfacht er sich das Leben. Er braucht wenige Worte, um seinesgleichen um sich zu versammeln und die anderen auszugrenzen: »Ich mag die Ost-Deutschen nicht«, »ich will mit den Afrikanern nichts zu tun haben«, usw. Mit diesen Sätzen hat derjenige, der sie ausspricht, eine Trennlinie gezogen, die dem Gesprächspartner sofort klar wird: Er ist willkommen oder unerwünscht. Was Sie nie aus den Augen verlieren dürfen, ist der Zweck dieser Teilungen. Wenn zwei Mannschaften derselben Stadt Rivalen werden, freuen sich natürlich die Redakteure, weil sie mehr Stoff für ihre Zeitungen haben werden, statt eines Trikotausstatters werden zwei um den

Markt der Fanartikel kämpfen. Das Phänomen, das ich beobachtet habe, war das nach dem 11.09.2001, als ein renommierter Uniprofessor der Soziologie in Braunschweig, in völliger Aufruhr, seine libanesische Studentin fragte: »Auf welcher Seite stehen Sie?«

Airbag Nr. 4: Sie werden immer einer Gruppe in der Gesellschaft zugeteilt. Und wenn Sie zufällig zu einer Gruppe gehören, werden Sie nur die Realität dieser Gruppe kennen. Ich habe zum Beispiel eine Münchnerin getroffen, die mir sagte, dass sie noch nie in ihrem Leben einen Arbeitslosen kennengelernt habe. Sie war über 40. So bin ich, obwohl ich viele Menschen durch meine Lesereisen treffe, noch niemandem begegnet, der offensichtlich 1.000.000 Euro im Jahr verdient. Im Gespräch mit den Beninern, wenn ihnen die Argumente ausgehen, teilen sie mich den Deutschen zu. Die Deutschen machen es genauso: »Du denkst so, weil du aus Benin kommst.« Ob man will oder nicht: Jeder steckt in einer Schublade.

Der Kochkurs

Eine Freundin, die zuerst von meiner These irritiert war, dachte kurz nach meiner Darstellung nach, nickte und erzählte anschließend die folgende Geschichte. Sie hatte in einer Volkshochschule einen Kochkurs veranstaltet und in der ganzen Stadt angekündigt.

Es hatten sich viele Damen zu dem Kurs gemeldet und getroffen. Die Stimmung war fröhlich, alle nahmen Platz und sie bereitete sich vor zu beginnen, als die Tür aufging und ein letzter Teilnehmer eintrat. Die Stimmung kippte und es

wurde still. Der einzige Mann, der sich für den Kurs eingetragen hatte, erschien und nahm Platz. Er war ungepflegt
und hatte anscheinend Probleme mit dem Alkohol.

Sie war selbst überrascht und wusste, dass sie handeln
musste. Sie konnte ihn nicht zurückweisen und sie wusste
auch, dass viele der anwesenden Frauen, sich nie in ihrem
Leben eine Begegnung mit einem solchen Menschen vorgestellt hätten, weil diese Welt ihnen nur aus den Medien bekannt war.

Sie änderte ihren Plan, indem sie eine Einführung in die
Hygiene machte und alle bat, zuerst die Hände zu waschen.

Der Mann bekam eine Aufgabe und wurde einer Gruppe
zugewiesen. Nach einer Weile wurde es wieder gesprächig,
und der Kurs ein Erfolg.

Die Verteidigung des Raums

Wir haben bis jetzt über den Fremden gesprochen, der
sich in dem gleichen Raum mit den Einheimischen befindet. Er war schon in Kontakt mit ihnen, zum Beispiel wie
bei den Zugreisenden, die im Abteil Platz nahmen. Wie
wäre es, wenn die Insassen keinen weiteren Reisenden
zu sich nehmen wollten? Sie würden versuchen die frei-
en Plätze im Zugabteil zu verteidigen, indem sie Blickkon-
takte mit den Eindringlingen vermeiden oder die Vor-
hänge zuziehen. Denn die nächsten Reisenden werden
schon als Eindringlinge gesehen. Das Kind, dessen Eltern ein weiteres adoptiert haben, wird vielleicht seine

Spielzeuge vor dem Waisenkind verstecken oder sein Bett abgrenzen wollen.

Im Tierreich verteidigen die Tiere ihre Reviere gegen andere Eindringlinge mit lautem Brüllen, Gewalt oder ähnlichem. Die Staaten machen nichts anderes. Die Grenzen werden mit Patrouillen überwacht, Gesetze gegen Ausländer werden schärfer, die Medien übernehmen die Rolle des lauten Brüllens und verkünden mit viel Lärm die Entscheidungen der Regierungen, damit auch die Ausländer im letzten Winkel der Erde etwas davon mitbekommen.

Wenn die einen den Raum verteidigen, in den die anderen hineinwollen, findet unausweichlich ein Kampf entlang der Grenze statt. Ein ungleicher Kampf, in dem die beiden Parteien zwei unterschiedliche Waffen einsetzen. Die Verteidiger der Grenze formieren sich hinter dem Staat, drohen und üben Gewalt aus. Den Eindringlingen stehen keine besonderen Rechte zu, sie haben aber Hoffnung auf Liebe und Mitleid.

Wie bei allen Kämpfen zieht der Kampf entlang der Grenzlinie zwischen Verteidigern und Eindringlingen viele Akteure an: Die einen feuern die Verteidiger an, das sind zum Beispiel die Parteimitglieder, die patriotischen Vereine und andere nationalistische Gruppierungen, und die anderen sprechen den Eindringlingen Mut zu: Hilfsorganisationen, Kirchenverbände und verschiedene Aktivisten.

Die Frage, die die Eindringlinge sich stellen müssen, ist, ob der Kampf sich lohnt. Statt mit meinem Chef jahrelang, um eine Gehaltserhöhung zu ringen, soll ich nicht lieber meine Energie einsetzen, um eine andere Stelle zu suchen?

Soll ich weiter ringen und dabei meine Zeit mit Richtern, oder Gewerkschaftlern verbringen? – Vielleicht sind Sie über diesen Vergleich überrascht, eine Gehaltserhöhung ist schon der Zutritt in eine andere Klasse bzw. Raum – wenn ein Staat sich weigert, mir einige zivile Rechte einzuräumen, soll ich darum kämpfen oder gehen? Hilfe bekommt nur der stärkste, der Staat. Einer, der einem Eindringling helfen will, hilft ihm nur so weit, dass er ihm nicht zur Last fallen wird, er hilft ihm so weit, dass er selbst sich mit dem Staat nicht kompromittieren wird. Noch mehr, der Helfer hilft dem Eindringling nur auf dem Weg, den er für ihn für richtig hält. Versucht der Eindringling mehr zu wollen, als das, was der Helfer zugesteht oder einen anderen Weg zu gehen, lässt der Helfer ihn fallen.

Manchmal gelingt es den Fremden, von den Einheimischen mit offenen Armen aufgenommen zu werden, wenn diese feststellen, dass sie die Ankömmlinge für bestimmte Zwecke gebrauchen können. Als die Bundesrepublik Deutschland im Jahr 1953 Arbeitskräfte für ihre Industrie brauchte, warb sie Italiener, Türken, Portugiesen und Griechen an. Spanien reglementiert bis heute die Ankunft der Saisonarbeiter aus Marokko für die Gemüseplantagen im Süden des Landes. Durch solche Maßnahmen schafft der Fremde es, den Raum zu betreten.

Airbag Nr. 5: Wenn Sie sich als Eindringling fühlen und das durchmachen, was beschrieben wurde, lassen Sie die Emotionen beiseite und suchen Sie ganz rational Schlupflöcher. Es ist ein Gesetz der zwischenmenschlichen Beziehungen und hat we-

nig mit Fremdenfeindlichkeit zu tun. Jedes Tier verteidigt sein Revier, seinen Besitz. Sie müssen es ablenken und sich einnisten.

Die Mitbringsel

Falls der Fremde aufgenommen wird und seine Reisetasche auspackt, werden die Kinder der Einheimischen Appetit auf die mitgebrachten exotischen Leckereien bekommen und sie essen.

Wenn die Fremden am Anfang unsicher sind, wird nach und nach die Tatsache, dass die Kinder ihn um einen Gefallen gebeten haben, sein Selbstwertgefühl stärken und ihm Stolz geben. Er ist nicht mehr der Einzige, der die Hand ausstreckt, sondern die Einheimischen bekommen auch etwas von ihm. Er freut sich und genießt es.

Airbag Nr. 6: Der Mensch ist kein Gegenstand, der einfach so von einem Ort an einen anderen versetzt wird. Er bringt seine Samen, seine Religion, seine Essgewohnheiten, seine Sprache, seine Heimat und vieles andere mit. Afrikas Fußballcup wird auf einer riesigen Leinwand mitten in Paris ausgestrahlt, türkische Flaggen hängen in Deutschland am Fenster. Die ausländischen Restaurants wachsen wie Pilze aus dem Boden. Vielleicht stehen schon die ersten deutschen Restaurants in Kabul. Vielleicht werden nicht alle deutschen Soldaten nach ihrem Einsatz in Afghanistan die Region verlassen und nach Deutschland zurückkommen. Manche werden sich vielleicht dort niederlassen. So ist der Mensch, so ist das Tier. Flüchtet eine Katze zu Ih-

nen, so wird sie auf Ihrem Grundstück ihre Jungen gebären. Das zeigt, wie unrealistisch der Satz »Ausländer raus!« ist.

Die Konflikte

Das Zusammenleben der Einheimischen und der Fremden bringt früher oder später Konflikte mit sich, weil die meisten Kinder der Fremden hinter der Grenze geboren sind. Sie sind mit den Kindern der Einheimischen zur Schule gegangen und haben den Vorteil, die Sprache der Einheimischen besser als die ihrer eigenen Eltern zu kennen.

Die Kinder der Fremden kennen nur das Land, in dem sie geboren sind. Das Land der Eltern ist das Ausland. Das wird ihnen sogar in der Schule so beigebracht. Sie sitzen mit den Kindern der Einheimischen zusammen und lernen nur deren Geschichte. Sie verwenden ein »Wir«, bei dem sie zugleich ausgeschlossen sind. Das löst Aggressionen aus. Sie werden die neuen Eindringlinge, weil sie mehr wollen, sie wollen weitere Treppenstufen in der Gesellschaft emporsteigen und stehen vor einem neuen engeren Kreis, den sie nicht leicht betreten können. Zum neuen engeren Kreis gehören die Führungsebenen in Politik, Medien und Wirtschaft. Der Zutritt zu diesen Kreisen ist heute in vielen Ländern noch sehr problematisch, ich sehe zur Zeit die Beniner nicht einen Präsidenten wählen, der einen libanesischen Großvater hat, oder in zwanzig Jahren den Nachkommen eines Chinesen.

Airbag Nr. 7: *Erfahrungen werden nicht vererbt. Wenn Sie in einer Gesellschaft ausgegrenzt sind, brauchen Sie Ihren Kindern* nicht Tag und Nacht zu erzählen, wie schrecklich die Einheimischen sind. Lassen Sie Ihre Kinder ihre eigene Erfahrungen machen. Sonst drohen Konflikte, wenn sie andere Erfahrungen als Sie selbst machen. Sie haben Ihren Kollegen erzählt, warum Sie anders sind, Ihre Kinder werden zu ihrer Zeit dasselbe tun. Es ist ein Kreislauf, in dem jede Generation sich erneut rechtfertigen muss.

Mein Vater hat vor fünfzig Jahren in seiner Hochschule in Frankreich afrikanische Kulturabende veranstaltet, um seine Kultur vorzustellen, ich habe Bücher geschrieben, um über die afrikanische Kultur zu erzählen, mein Sohn wird in zwanzig Jahren vielleicht auf einem Blog in einer deutschen Universität den Alltag in Benin beschreiben müssen. Trotzdem werden viele Menschen immer noch die Berichte der ersten europäischen Seefahrer, die vor 500 Jahren aus Afrika zurückkehrten, im Kopf haben.

3 DIE BEIDEN ARTEN DER DISKRIMINIERUNG

Die direkte Ausgrenzung

Die direkte Ausgrenzung ist die Folge der bekanntesten nämlich offenen Fremdenfeindlichkeit. Der Einheimische hat einen offenen Hass gegenüber dem Fremden und meidet ihn. Er möchte mit dem Fremden nicht zu tun haben und signalisiert dies durch verschiedene Formen: Er meidet Kontakte mit dem Fremden und gewährt ihm keinen Zutritt zu seinem Raum. Diese Form ist die unangenehmste für den Fremden, weil die Fremdenfeindlichkeit offensichtlich ist, aber sie ist trotzdem die leichteste, weil der Fremde seinen Weg gehen kann, um ihr auszuweichen, und nicht unnötig zermürbt wird. Er weiß, woran er ist.

Die indirekte Ausgrenzung

Diese Form ist am weitesten verbreitet, sie ist für einen Fremden vernichtend, weil er sich kaum wehren kann. Der Einheimische gewährt ihm zwar den Zutritt zu seinem Raum, aber grenzt ihn bewusst oder unbewusst aus, weil er ihm nichts zutraut. Man weiß, dass zu viel Fürsorge erdrückend sein kann, so kann diese Ausgrenzung erlebt werden. Alles läuft gut, solange der Fremde keine Ambitionen auf Weiterentwicklung oder Steigerung hat, ansonsten sind die Konflikte, ähnlich wie bei einem Mitarbeiter, der von seinem Chef nie ernst genommen wird, vorprogrammiert. Zum Beispiel weigerte sich ein Lagerbetreiber 1996, mich an seinem PC einfache Excel-Tabellen ausfüllen zu lassen, weil er sich nicht vorstellen konnte, dass ein Afrikaner damit umgehend könnte, obwohl ihm bekannt war, dass ich Student war. Sein Mitarbeiter musste ihn mehrmals fragen, wo sein Problem sei, »er studiert doch und muss mit dem Rechner an der Universität arbeiten!« Er drehte sich um, als ob er sich noch vergewissern wollte, und fragte mich: »Ist das wahr? Kennen Sie sich damit aus?« Meine Antwort: »Ich habe zwei zu Hause.« Und das stimmte auch.

Einem Freund, der in einer Behindertenwerkstatt arbeitete, ist es auch ähnlich ergangen. Er wurde nie ernst genommen, sein Vorgesetzter fragte ihn fürsorglich immer wieder vor jeder Aufgabe, ob er wirklich dazu in der Lage sei. Nie nahm er einen Vorschlag von ihm an: »Das glaube ich dir nicht!« »Wie kommst du auf eine solche Idee?« »Ich habe meinen Kollegen gefragt. Ich muss dir gestehen, dass ich nicht daran geglaubt habe«, schließlich kamen wir zu der Erkenntnis, dass der Vorgesetzte seine schwarze Hautfarbe wie eine Behinderung gesehen hatte und keinen Unterschied machte zwischen ihm und seinen behinderten Kollegen. Es war eine Art beruflicher Kollateralschaden.

4 URSACHEN VON ÄRGER

Falsche Interpretationen

Mimik und Gestik können sehr unterschiedlich von Volks-gruppen interpretiert werden und die daraus resultierenden Reaktionen Missverständnisse auslösen.

Das Rülpsen nach einem guten Mahl wird in manchen Ländern erwartet, während es in anderen ausdrücklich un-erwünscht ist. Eine Verkäuferin war mir gegenüber sehr un-freundlich, weil ich mich instinktiv weigerte, die Münzen, mit denen ich bezahlen wollte, eine nach der anderen in ihre Hand zu zählen. Sie war beleidigt, weil sie ihre Handfläche offen hielt, während ich versuchte, mit meiner einzigen frei-en Hand, daneben auf der Ablage den Betrag zusammen-zuzählen. In Benin muss man den Händlern den gesamten Betrag für den Kauf einer Ware auf einmal in die Hand drü-cken. Man zählt nicht in die offene Hand einer anderen Per-son. Das wird als eine unhöfliche Geste angesehen.

Nachfolgend lesen Sie einige Gesten, die für Ärger sorgen können:

- Die Chinesen lächeln nicht nur, wenn sie glücklich sind, sondern auch wenn sie eine peinliche Situation überspielen wollen.
- In Frankreich bedeutet das O.K.-Ring-Zeichen, dass man eine Null ist.
- V-Zeichen in Großbritannien mit der Handfläche nach au-ßen: »Idiot«, oder Schlimmeres.

Psychische Lasten

Meine Tante hatte sich in ihren jungen Jahren in einer psychiatrischen Anstalt aufgehalten. Seitdem rastet sie aus, wenn man sich mit ihr unterhält und das Wort »verrückt« verwendet. Andere ärgern sich schon, weil ihre Ansprechpartner die Stimme erhöhen, wenn sie zum Beispiel hohe Töne von Zuhause mit der Wut eines Verwandten assoziieren. Eine Tatsache, die dem Gespräch einen ganz anderen Verlauf geben kann.

Das Gefährliche am Menschen ist seine Psyche. Er bewegt sich meistens mit der Last der Vergangenheit fort. Diese Last trägt er versteckt hinter sich, wie ein Tier seinen Schwanz, tritt man aus Versehen darauf, so beißt uns das Tier. Genauso benimmt sich der Mensch, jeder Mensch, gleichgültig welcher Nationalität.

Was oben beschrieben ist, passiert den europäischen Hochschullehrern täglich. Sobald einer das Wort »Afrikaner« in dem Mund nimmt, weckt er die Aufmerksamkeit der afrikanischen Studenten und ihrer europäischen anti-rassistischen Kommilitonen. Denn man bereitet sich auf den Gegenangriff, auf eine eventuell negative Äußerung vor. Dieselbe Reaktion provozierte ich einmal, als ich vor einem überwiegend weiblichen Publikum sagte: »Die Frauen sind ...« und ohne den Satz zu Ende auszusprechen, absichtlich schwieg. Die Aufforderung weiter zu reden, kam prompt: »Die Frauen sind was? Sprechen Sie bitte den Satz zu Ende!« Die Gesichter waren ernst und gespannt. Ich teilte ihnen mit, dass sie mir den Beweis geliefert haben, dass das weib-

Und noch ein Beispiel. Ich stand auf dem Bahnsteig einer U-Bahn-Station in Moskau. Ein Mann kam und stellte sich neben mich. Nach einem Augenblick sagte er mir flüsternd, dass meine Jacke dreckig ist. Ich hatte verstanden: »Dreckiger Ausländer« und war schon dabei meine Faust zu ballen, um ihn zu schlagen, als eine alte Frau, die unweit von mir stand und den Mann gehört hatte, anfing den Staub von meiner Jacke zu entfernen: »Das stimmt. Sie haben sich wahrscheinlich gegen eine staubige Wand gelehnt.«

Es war mir sehr peinlich, denn ich hätte fast jemanden geschlagen, der nur nett zu mir sein wollte. Ich revidierte von diesem Tag an meine Haltung gegenüber den Russen. Ich versuchte sie nicht ständig als Feind anzusehen und wurde mit der Zeit entspannter.

Airbag Nr. 8: *Wenn Sie eine negative Äußerung gehört haben, überlegen Sie sich, bevor Sie sich aufregen, ob es eine andere Interpretation oder einen anderen Sinn geben könnte. Sonst schadet jede Aufregung Ihrer Gesundheit und sogar einer Freundschaft. »In der Wut tut niemand gut.«*

Historische Lasten

Der Aufstieg einer Gruppe von Einwanderern oder ehemalig unterdrückten Volksgruppen in einer Gesellschaft hängt viel von denen ab, die sie unterworfen haben. Die Ersten müssen noch freiwillig die besetzten Plätze räumen, was den natürlichen Wettbewerb zwischen den Menschen erschwert. Man sieht das Phänomen heute noch in den Gesellschaften, die früher klar in Hierarchien strukturiert waren. Obwohl die Trennungen offiziell aufgehoben sind, besetzen die ehemaligen Unterdrückten nicht so schnell die höheren Stellen. Noch interessanter wird es, wenn man beobachtet, dass einer, der es aus der Unterschicht geschafft hat, nicht unbedingt bereit ist, seinesgleichen zu helfen, wenn er sich assimiliert hat.

Seitdem ich die Politik in der Welt beobachte, habe ich noch keinen Mann gesehen, der die Forderung nach mehr Frauen in Führungspositionen angestrebt und seinen Posten aus diesem Grund für eine Frau freiwillig geräumt hat. Dieses Argument kann auch manchmal dafür herhalten, um die Plätze, die Konkurrenten hätten besetzen sollen, für eine Frau freizustellen.

Airbag Nr. 9: Der Mensch neigt dazu, die Vergangenheit mit dem Stand der Gegenwart zu beurteilen. Etwas, das eigentlich nicht so glücklich ist. Die Tatsache, dass ein Autor in den fünfziger Jahren des letzten Jahrhunderts die Schwarzen »Neger« genannt hat, bedeutet noch lange nicht, dass er ein Rassist war.

Religionen

Die Religion ist ein Merkmal, mit dem ein Mensch eindeutig von den andern ausgegrenzt werden kann. Der Islam in Deutschland beschreibt hauptsächlich die Türken und die Araber, während er in Frankreich für die Algerier verwendet wird, obwohl auch viele Afrikaner Moslems sind. Die Tatsache, dass man nicht zu zwei Religionsgemeinschaften gehören kann, macht dieses Instrument leicht einsetzbar.

Als ich 18 war, saß ich mit einem Onkel vor dem Fernseher. Eine Musikband aus Frankreich, die in Benin bei den Jugendlichen sehr beliebt war, erschien auf dem Bildschirm, und ich sprang begeistert auf. Mein Onkel schaute mich völlig irritiert an und wunderte sich, dass ich ein solch schlechtes Lied toll fand und sagte: »Was für eine Band ist das denn? Die Musik ist abscheulich.«

Er kränkte mich mit seiner Äußerung und ich setzte mich verletzt hin. Ich verfolgte zwar weiterhin die Band auf dem Bildschirm, aber innerlich fand ich meinen Onkel wegen seiner Äußerung altmodisch und ignorant.

Fast zwanzig Jahre später stand ich an einer Ampel in Braunschweig und hörte plötzlich laute Musik an meiner linken Seite. Ich drehte meinen Kopf und sah einen Jungen in einem getunten Golf. Die Techno-Musik war laut. Ich wollte ihn bitten seine »abscheuliche Musik« leiser zu drehen und dachte an meinem Onkel. Als die Ampel auf Grün schaltete und er weiterfuhr, fiel mir ein, dass der Mensch sich nicht anders mit der Religion verhält. Der Mensch geht davon aus, dass seine Religion die beste ist, brüstet sich damit, wird laut und bedrängt denjenigen, der diese Ansicht nicht teilt. Warum kann man die Musik nicht nur so laut drehen, dass die Lautstärke allein für sich selbst reicht? Mit welcher Begeisterung hatten wir Kassetten oder CDs an unsere Freunden weitergeschenkt, damit sie in den Genuss kamen, dieselbe Musik zu hören? Sind nicht alle Discofox- und Salsa-Tänzer einer Stadt in Deutschland befreundet und mit Begeisterung dabei? Ist das anders mit der Religion? Ich glaube eher nicht.

Nachdem ein tschetschenischer Verkäufer auf dem Moskauer Markt mich gefragt hatte, ob ich Moslem sei und ich mit »ja« geantwortet hatte, damit er seine gute Laune nicht verlor, mir daraufhin ein weiteres Kilo Fleisch geschenkt hatte, sagte ich während meines Studiums in Deutschland den türkischen Lebensmittelverkäufern, dass ich Moslem sei, und ich bekam jedes Mal mehr Fleisch und Gemüse dazu.

Mein Glaube ist meine private Angelegenheit und muss nicht öffentlich bekannt werden.

Airbag Nr. 10: Niemand wird aufgefordert, ein Ave Maria oder Pater noster zu zitieren, wenn er vorgibt, Christ zu sein. Es gibt keinen Test, um pro forma sofort zu einer Gemeinde zu gehören. Das interessiert den Menschen nicht, es zählt nur die Zahl der Mitglieder, nach dem Motto, die größte Gemeinde ist die gerettete, auserwählte Gemeinde. Wenn interreligiöse Konflikte vermieden werden, dann ist der Frieden halb gerettet. Denn Religionen dienen oft als Vorwand, um Räume zu gewinnen. Betrachten Sie möglichst Ihre Religion als eine private Angelegenheit.

5 DER SCHUTZSCHIRM

Der Glaube an den Staat

Politik verfolgt nur Interessen. Wichtig ist, dass der Staat Sie schützt. Trotzdem sollte man die ersten Zeichen in einem Land erkennen, die eine staatliche Diskriminierung mit sich bringt. Religiöse Hasstiraden. In Ruanda wurde berichtet, dass einige Menschen den Genozid geahnt haben, aufgrund des Verhaltens der damaligen Regierung.

Sobald ein Politiker Hasstiraden gegen eine Gruppe ausspricht, sollte man sich in acht nehmen. Es gibt kein Volk, das nicht mitmachen kann. Es geht meistens um Verteilungskämpfe und solche herrschen überall in der Welt.

Während der Diskussionen über Rasterfahndung und »Schläfer« in Deutschland wollte ich mich mit einem arabischen Kommilitonen über das Thema unterhalten, um zu erfahren, was er davon hielt. Er schwieg und ignorierte meine Frage. Ich vermute, dass er mir nicht vertrauen konnte. Im demokratischen Deutschland war er zu misstrauisch, um seine Meinung zu äußern. Das hat mich zum Nachdenken gebracht.

Der Stellenwert

Sie werden sich fragen, warum wir uns dann ärgern, wenn die Fremdenfeindlichkeit doch zu normalem menschlichem Verhalten gehört. Es gibt viele Gründe dafür, aber meistens liegt es daran, dass wir unsere körperlichen Impulse nicht bewältigen, viele schaffen es nicht, ihre Psyche zu kontrollieren, denn die Stärke sitzt im Kopf. Ich bin beleidigt, weil ich demjenigen einen großen Stellenwert gegeben habe, der mich ärgert. Als Deutscher werde ich mich eher weniger ärgern, wenn mein afrikanischer Nachbar mich als Nazi tituliert, als wenn die Äußerung von einem europäischen Staatspräsidenten käme.

Wenn die Polemik auf Landesebene weit verbreitet ist, dann wird die Fremdenfeindlichkeit ein Machtspiel. Man kann damit sein Gegenüber entmachten oder verunsichern, um seine Vorteile zu erlangen. So wollte ein Afrikaner an der Haustür der deutschen Schwiegermutter eines Freundes unbedingt ein Zeitungsabonnement verkaufen. Die Frau sagte: »Es tut mir leid, ich brauche keine Zeitung.« Als sie die Wohnungstür zumachen wollte, stellte der Verkäufer seinen Fuß in die Spalte der Tür und sagte: »Sie wollen kein Abo abschließen, weil ich ein Afrikaner bin.«

»Nehmen Sie Ihren Fuß weg«, sagte sie, »mein Schwiegersohn kommt aus Kenia und der ist nicht so unhöflich wie Sie.«

Der Mann wollte wahrscheinlich die Frau verunsichern und hatte die Falsche erwischt.

6 DIE ANTITHESE

Ich habe mich gefragt, ob es einen Ort gibt, an dem der Mensch problemlos Platz für den nächsten einräumt. Nach einer Bedenkzeit ist mir der Aufzug eingefallen. Wenn wir in einem Aufzug stehen, versuchen wir instinktiv, für den nächsten Platz zu machen.

Diese Bemühung findet statt, obwohl die Fläche klein ist und alle eng zusammengerückt stehen. Warum geschieht plötzlich diese »Freundlichkeit«, obwohl wir unbequem stehen und den Blick so richten, damit wir bloß nicht in die Augen der anderen gucken?

Die Fahrzeit ist relativ kurz.

Wir haben alle das gleiche Ziel und manchmal das gleiche Anliegen, einen Arztbesuch, eine Konferenz oder einen beliebigen Termin. Wir gehören aus diesem Grund zu derselben Gruppe, etwas, das ganz selbstverständlich eine Solidarität herstellt.

Das Phänomen der Touristen könnte eine Analogie sein. Sie sind fast immer in allen Ländern der Welt willkommen, sie werden freundlich empfangen, sind nett zu allen Menschen im Lande und fahren mit guter Erinnerung zurück. Als Tourist kümmert man sich kaum um die Belange eines Landes, man weiß nicht mal, wie die örtlichen Politiker heißen. Folglich besteht eine Symbiose zwischen Einheimischen und Fremden. Der Fremde bekommt Sonne und Strand, der Einheimische Euro oder Dollar.

Als Beispiel weiß man, wie schwierig es für die meisten Afrikaner ist, nach Europa zu reisen. Im Gegensatz dazu ist es für die Europäer relativ einfach nach Afrika zu reisen. Der

Europäer braucht meistens nur seinen Lohnbescheid zu zeigen, um ein Visum zu erhalten und in vielen Ländern bekommt er sogar nur mit seinem Pass automatisch 90 Tage. Es geht nicht darum, dass die Afrikaner ihren Raum einfach öffnen, sie gehen nur davon aus, dass kein Europäer diesen Raum langfristig besetzen möchte. Auch wenn ein Europäer sich in einem afrikanischen Land niederlässt, erwarten die Afrikaner nicht, dass er ihren Arbeitsplatz besetzen wird. Aus diesem Grund sind sie »offener«.

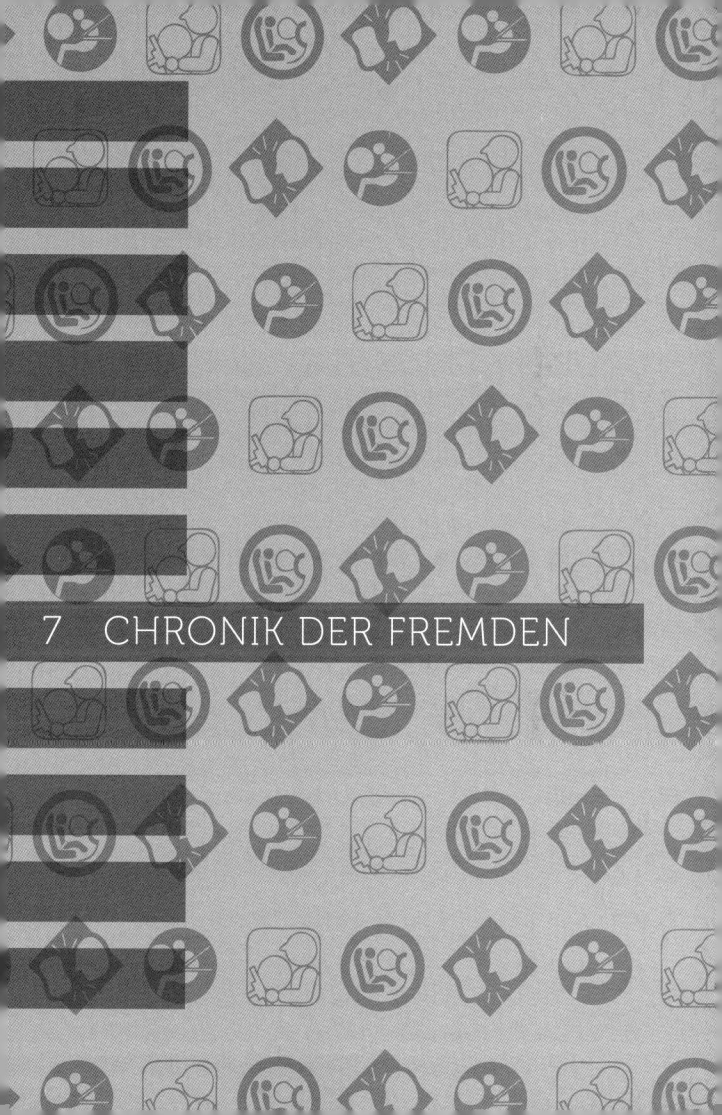

7 CHRONIK DER FREMDEN

Frühere Vorurteile

Bangladesch, Pakistan, Afghanistan, Indien und andere Länder Asiens waren mir in meiner Jugend nur aus den Medien bekannt. Ich hörte vom afghanischen Krieg, von Überschwemmungen in Bangladesch und davon, dass Kühe in Indien heilig sind. Ich machte mir auch keine besonderen Gedanken über die Menschen aus diesen Ländern, weil sie weit weg von Benin leben, und die wenigen Inder, die ich in Benin kannte, waren Inhaber von Geschäften, die Fernsehgeräte und andere elektronische Waren vertrieben, mit denen ich keinen Kontakt hatte.

Nun war ich in Moskau und hatte als Nachbarn Studenten aus Bangladesch. Gegensätzlicher konnten unsere Lebensgewohnheiten nicht sein: In Benin tragen Männer gewöhnlich lange Hosen und Frauen Kleider. Bei meinen bangladeschischen Mitbewohnern war das umgekehrt, ihre Studentinnen trugen lange Hosen und die Studenten Röcke. Wir gingen spätestens um 23 Uhr ins Bett, das war die Zeit, wo sie sich trafen, um Tee zu trinken. Wir kochen Hähnchen mit der Haut, sie entfernen die Haut und werfen sie weg, bevor sie das Hähnchen in Stücke zerlegen. Wir kochen überwiegend mit Tomaten und sie nehmen Curry, Curry und Curry. Die einzige Gemeinsamkeit lag in unserer dunklen Haut, aber ihre ist auch anders als unsere.

Was für ein Zusammenleben! Wir Beniner guckten mit Ekel in ihre Töpfe, während die Bangladescher dasselbe mit uns taten. Wir rannten in die Gemeinschaftsküche und kochten, bevor sie sich an den Herd stellten, weil die ganze

Küche gelb war, nachdem sie gekocht hatten. Die Arbeitsfläche, die Becken, der Herd und der Boden waren gelb.

Als ein bolivianischer Freund mir sagte, dass Curry ein tolles Gewürz sei, antwortete ich: »Nie in meinem Leben werde ich dieses Zeug essen!« Deshalb war ich entsetzt, als ich in den Ferien nach Deutschland reiste und in Darmstadt einen togolesischen Freund besuchte. Nach meiner Ankunft in der Nacht teilte er mir mit, dass er nichts gekocht habe, und bat mich, mitzukommen, um zu sehen, ob sein bangladeschischer Freund etwas übrig hätte. Ich traute mich nicht, ihm meine Bedenken gegen die Bangladescher zu offenbaren, und machte mir Gedanken, wie ich das Essen vermeiden konnte. Welch eine Freude, als der Freund auch kein Essen übrig hatte. Mein Freund überlegte noch, wo er zu der späten Stunde etwas für mich finden konnte. Ich fürchtete, dass er mich zu einem weiteren Freund aus Bangladesch führen könnte, und versicherte ihm, dass ich keinen Hunger hatte, und schaffte es zwei Wochen später nach Moskau zurückzukehren, ohne ein bangladeschisches Essen berührt zu haben.

Drei Jahre nach meiner Reise nach Darmstadt zog ich nach Braunschweig um, wo die leckere deutsche Currywurst die ersten Risse in meinem Widerstand gegen den Curry einleitete, bevor ein Freund mich in ein thailändisches Restaurant einlud und die Vorzüglichkeit der Gerichte pries. Ich bedauerte heimlich die verpasste Gelegenheit in Moskau und zog später in eine Wohngemeinschaft mit einem Inder. Ich aß die Teller leer, und er begann meine Tomatensauce zu lieben.

Wer ist intolerant?

Im April 2008 wollte ich in Paris-Mitte an einem Kiosk eine Dose Bier kaufen. Der Verkäufer antwortete beleidigt, ob ich nicht gesehen habe, dass er Moslem sei, er verkaufe kein Bier. Daraufhin antwortete ich, dass ich ihm die Lizenz entzogen hätte, wenn ich von der Stadtverwaltung wäre. Er hätte das Recht mir zu sagen, dass er keinen Alkohol verkaufen wolle, aber die Tatsache, dass meine Frage nach Bier ihn beleidigt hat, beschreibt, dass er mich als Kunden von vorne herein ausgeschlossen hatte. Ich darf in Frankreich Alkohol trinken, er brauchte mich nicht anzuschreien, weil ich danach gefragt habe.

Die Wahl des Wohnorts

Eine kongolesische Studentin wollte ihr Fach wechseln und hatte sich deswegen an einer anderen Universität immatrikuliert. Kurz vor dem Umzug in die neue Stadt erfuhr sie, welche Auflagen die dortigen Ausländerbehörden den ausländischen Studenten machten. Sie waren dort viel komplizierter und legten die Gesetze strenger aus. Sie machte alles rückgängig.
Die Lehre: Als Ausländer müssen Sie sich jeden Schritt zweimal überlegen. Keine Entscheidung ist selbstverständlich.

Was ist normal und was nicht?

Eine Lehrerin erzählte mir, dass sie in ihrem Klassenzimmer ihre Schüler über die Herkunft ihrer Eltern befragt hatte. Die Schüler und Schülerinnen antworteten, Frankreich, Kamerun, Gambia, Türkei, Griechenland, usw. Ein Junge blieb still und nahm an dem Gespräch nicht teil. Dann fragte sie ihn: »Warum sagst du nichts? Du beteiligst dich ja gar nicht.« Der Junge zuckte mit den Achseln: »Ich kann nichts sagen, meine Eltern sind normal.« Die Antwort verletzte die Lehrerin, die selbst keine Deutsche ist. Als sie mir davon berichtete, sagte ich zu ihr, dass sie ein bisschen Gelassenheit in den Alltag der Schüler bringen solle. Der Junge hat Recht. Wenn die Herkunft der anderen Schüler »normal« wäre, hätte sie das Thema nicht auf der Tagesordnung gehabt. Und die logische Beschreibung von dem, was mich nicht betrifft, ist »anormal«. Für die anderen Kinder wäre es genauso. Meine linke Seite ist nicht unbedingt die linke Seite meiner Gesprächspartner. Das Beste wäre es, solche Themen überhaupt nicht im Unterricht zu behandeln, die Kinder sollten den Stoff lernen, den sie auf dem Lehrplan haben. Auf dem Schulhof wird schon der eine erklären, warum er krause Haare hat oder wo er seinen nächsten Urlaub verbringen wird.

Von Moskau bis Rostock

Bis 1992 genossen die ausländischen Studenten in Russland einen Sonderstatus, der ihnen ermöglichte, ohne große Anstrengungen in den Westen zu reisen. Aus diesem Grund handelten sie mit Währungen und kauften verschiedene Artikel, die sie teuer an die Russen verkauften, und so verfügten sie über viel Geld. Sie gehörten in diesem geschlossenen Land zu einer privilegierten Gruppe, die etwas taten, wovon die Einheimischen nur träumten. Zudem durften sie spezielle Läden betreten, wo nur ausländische Währungen akzeptiert wurden, während der Zutritt für die normalen russischen Bürger verboten war. Die ausländischen Studenten waren praktisch in einem Raum, der für die Russen verboten war. Der Erfolg bei den Frauen ließ auch nicht auf sich warten. Diese Situation erzeugte Missgunst und Hass gegenüber den Afrikanern. Sie wurden immerhin in den Medien als arme Menschen dargestellt. Die Folgen waren Beschimpfungen, Prügel und sogar Tote.

Was lehrte mich der Brand eines Heims für Ausländer in Rostock, als ich in Deutschland angekommen war? Während die Russen neidisch auf den Status der ausländischen Studenten waren, hatten die Deutschen Angst, etwas von ihrem Besitz aufzugeben.

Der Kollege versteckt sich

Eine deutsche Frau war sehr traurig, als ihr somalischer Kollege ihr sagte, dass er sich auf den Straßen in Somalia wohler fühle als in Deutschland. Dabei befindet sich Somalia im Bürgerkrieg. Dieses Gefühl der Unsicherheit auf deutschen Straßen ist bei ausländischen Mitarbeitern großer Unternehmen sehr stark, weil diese Menschen oft nur Englisch sprechen und kaum die deutsche Sprache. Wer nichts versteht, fühlt sich leicht bedroht.

Einen ähnlichen Fall erlebte eine deutsche Gastfamilie, als zwei ausländische Schülerinnen traurig nach Hause zurückkamen und erzählten, dass ihre Lehrer und Schulkameraden am 20. April an einer Nazi-Demonstration teilgenommen haben. Sie hatten dafür natürlich kein Verständnis. Die Eltern fragten nach und erfuhren, dass die Lehrer, die Schülerinnen und die Schüler an einer Gegendemonstration teilgenommen hatten. Es wurde den beiden Mädchen erklärt, was eine Gegendemonstration ist.

Airbag Nr. 11: Gewinnen Sie eine positive Einstellung zu den Deutschen. Statt in jedem Deutschen einen Feind zu sehen, sollten Sie ihnen gegenüberstehen, als ob Sie einem Landsmann gegenüber stünden. Wenn Sie diese Einstellung haben, können Sie sogar indirekte Beleidigungen überhören. Und wenn Sie eine Beleidigung nicht gehört haben, können Sie sich nicht ärgern. Dadurch bewahren Sie Ihre Gesundheit.

Airbag Nr. 12: Lassen Sie sich nicht von den Medien oder anderen ausländischen Mitbürgern verunsichern. In den Achtzigern berichteten die Medien, dass die Bevölkerung Afrikas wegen AIDS dezimiert würde. Aus diesem Grund weigerte sich ein deutscher Kommilitone, mir sein Heft zu geben, mit der Begründung, sein Arzt habe gesagt, er solle Afrikaner vermeiden. Ich habe seine Verzweiflung verstanden und konnte ihn mit der Zeit dazu bringen, anders zu denken. Heute berichten dieselben Medien immer noch von der AIDS-Pandemie, aber gleichzeitig reden sie von Überbevölkerung in Afrika. Man kann sich fragen, wie das möglich sein kann.

Airbag Nr. 13: Suchen Sie sich Freunde, die Freude ausstrahlen und meiden Sie Landsleute, die Ihnen nur davon berichten, wie schlecht ihr Gastland ist bzw. wie schlecht die Deutschen sind.

Der Rechtsanwalt

Ein Verein, der gegen Anglizismen in der deutschen Sprache kämpft, hat mich 2009 zu einer Tagung eingeladen. Dort angekommen habe ich gleich ins Gästebuch den folgenden Satz eingetragen: »Der Einsatz für die Reinheit einer Sprache kann nicht nationalistisch gesehen werden. Wenn ich fünf Sprachen gut spreche, werden mich fünf Völker verstehen. Spreche ich einen Mischmasch von allen, wird mich keiner verstehen.«

Die behandelten Themen waren sehr interessant. Irgendwann ging es um die Stellung der deutschen Sprache in der

EU. Ich dachte: 27 Sprachen! Jeder will, dass seine Sprache vertreten ist und gleich behandelt wird (Selbstwertgefühl). Warum lösen sie das Problem nicht, indem sie eine ganz neutrale Sprache suchen, um sie als Amtssprache in Europa einzuführen? Die Afrikaner benutzen Französisch, Englisch und Portugiesisch, die Europäer können doch eine Sprache wie Swahili auswählen. Wieviel Geld würden sie so sparen? Eine amüsante Vorstellung.

Am Abend habe ich mich mit einigen Teilnehmern in der Bar des Hotels getroffen. Die Stimmung war locker und freundlich. Nur ein etwa vierzigjähriger Mann war ein bisschen zurückhaltend. Als wir aufbrechen wollten und alle aufstanden, um ins Bett zu gehen, sprach er mich an. Sein Ton war trocken und laut:

»Wollen Sie zurück in Ihre Heimat?«

»Warum stellen Sie diese Frage?«

»Ich möchte wissen, ob Sie irgendwann in Ihre Heimat zurückgehen werden. Sie sind mit Ihrem Studium fertig, Sie müssen doch jetzt Ihrem Volk helfen.«

»Ich muss doch nicht in meiner Heimat leben, um etwas für mein Volk tun zu können.«

»Ich möchte wissen, ob Sie Ihrem Volk helfen? Ja oder nein.«

»Natürlich.«

Er kam zu mir und gab mir die rechte Hand, während sein linker Zeigefinger mahnend erhoben war: »Ich bin kein Mitglied ... Ich betone, ich bin kein Mitglied, sondern ein Anhänger der NPD.«

Alle anderen Teilnehmer waren weg. Nur ein anderer gesellte sich zu uns. So führten wir das Gespräch zu dritt weiter. Ich sah nicht ein, den Angriff nicht zu erwidern. Ich setzte mich wieder hin, das zwang den Mann auch, sich wieder zu setzen.

Achselzuckend entgegnete ich ihm in freundlichem Ton, dass es sein Problem sei, ob er ein Anhänger der NPD sei oder nicht.

Der Mann fuhr fort: »Wir sind nicht ausländerfeindlich, sondern inländerfreundlich.«

Lächelnd antwortete ich: »Es ist eine Frage der Auslegung. Ich finde es schon krank, dass viele Mitglieder oder Anhänger einer Partei einfach losrennen und auf Menschen einschlagen, weil sie anders aussehen. Für was würde man mich halten, wenn ich wegen meiner ideologischen Überzeugung Hunde und Katzen töte, falls sie mir über den Weg laufen, nur aus dem Grund, dass ich sie nicht mag.«

Er schwieg kurz, dann wiederholte er: »Wir sind nicht ausländerfeindlich.«

»Aber die Schlagzeilen beweisen das Gegenteil.«

Ich bekam keine Antwort und beschloss, einen Bezug zu meiner Person als Ausländer aufzugeben. Ich wollte mich mit ihm unbedingt etwas länger auseinander setzen. Wenn ich an meiner Person festgehalten hätte, wäre das Gespräch in einer Sackgasse geendet. Ich beschloss, über seine Partei zu reden.

»Ich weiß nicht, wer in Ihrer Partei für das Marketing zuständig ist. (Es war die Zeit der Europawahl 2009). Wie kann eine Partei diesem reiselustigen Volk einen Austritt aus der EU als Wahlprogramm verkaufen? Das ist doch nicht gerade klug.«

»Es geht darum, dass die Beschlüsse der EU gegen Deutschland sind.«

»Wie soll Deutschland überleben, wenn Ihre Partei eine Isolation fordert? Mit welchem Land wollen Sie handeln?«

»Ich wiederhole, wir sind nicht gegen die anderen Länder. Wir möchten nur, dass die Ausländer ihrem Volk helfen.«

»Und wie helfen Sie denn dem deutschen Volk?« fragte ich.

Überrascht zuckte er: »Das ist eine berechtigte Frage.« Danach unterhielten wir uns eine ganze Stunde, indem ich bestimmte Stammtischmeinungen zurückwies. Zum Beispiel, dass die Ausländer den Deutschen die Arbeit wegnehmen.

»Im Gegenteil«, sagte ich, »es ist die Arbeit, die zu den Ausländern auswandert. Niemand kann die Bewegung der Völker verhindern.«

Am Ende des Gesprächs sagte er, dass ich ihn beeindruckt hätte, er habe sich gefragt, was ich als Afrikaner auf einer Tagung über die deutsche Sprache suchte.

Ich lachte, »Sie kennen uns nicht, Sie haben nie mit Ausländern zu tun gehabt, aber mit vorgefertigten Meinungen wollen Sie uns das Leben schwer machen. ... Lassen Sie mich Ihnen sagen, dass Sie die Sprache nicht allein für sich vereinnahmen können.«

Bevor wir uns trennten, teilte er mir mit, dass er Rechtsanwalt irgendwo im westlichen Teil von Deutschland ist.

Airbag Nr. 14: Denken Sie an Airbag Nr. 1. Ich konnte mich mit dem Mann unterhalten, weil seine Einstellung mir gegenüber völlig egal ist. Meine Person ist irrelevant. Wichtig war für mich an dem Abend, mehr über seine Gedanken zu erfahren. Während des Gesprächs hat er viel über meine Ausführungen nachgedacht. Das reichte mir. Wenn ich nicht so viel Ruhe besessen hätte, hätte ich ihm vielleicht geantwortet: »Es tut mir leid. Ich lebe in Deutschland. Ein Deutscher lebt gerade an meiner Stelle in Benin.« Ich wusste, dass er keinen Einfluss auf meinen Aufenthalt in Deutschland nehmen kann. Anders wäre es, wenn ich per Zufall seine Kanzlei aufgesucht hätte.

Die Unsichtbaren

Die Fremdenfeindlichkeit wird schmerzlich, wenn man mit den Behörden oder Unternehmen zu tun hat, wo der Mitarbeiter seine Machtstellung benutzt und man sich nicht wehren kann. Ein afrikanischer Freund suchte einen Raum für eine Veranstaltung. Er ging zu einer Institution der Stadt, die Gebäude verwaltet. Die Mitarbeiterin sprach freundlich mit ihm. Die Räumlichkeiten, die der Institution gehören, gefielen ihm nicht. Er fand einige Tage später einen Saal bei einem Gastwirt.

Einige Wochen später, als mein Freund die Veranstaltung per Newsletter bekannt gemacht hat, erhielt er eine elektronische Post, die die Mitarbeiterin ihm aus Versehen gesendet hatte. Sie wollte den Inhalt ihrem Kollegen weiterleiten und klickte auf »Antworten«, so verriet sie sich. Sie schrieb unter anderem, dass es gut war, dass sie meinem Freund den Raum nicht vermietet haben. Der Inhalt der elektronischen Post zeigte deutlich, dass sie befürchtet haben, dass nur Schwarzafrikaner an der Veranstaltung teilnehmen würden.

Was können Sie in diesem Fall machen? Nichts. Mein Freund hat überlegt, die Mitarbeiterin anzuzeigen. Aber was hätte das geändert? Ich riet ihm davon ab.

Es passieren auch manchmal merkwürdige Sachen. Ein arabischer Diplom-Ingenieur bewarb sich um eine Stelle in einer weltweit operierenden Firma. Sein Profil stimmte mit der Anzeige überein. Die gesuchten Sprachen und die Abschlüsse passten. Er bekam eine Absage. Von einem Insider erfuhr er, dass der Firmenchef keinen Araber in seinem Vertriebsteam haben möchte. Eineinhalb Jahre lang erschien immer wieder die Anzeige in der Zeitung. Er fragte sich ständig, warum die Firma es nicht wenigstens mit ihm versucht hatte. Meiner Meinung nach sollte er einen Schluss-Strich ziehen. Vielleicht hatte der Firmeninhaber keinen Mut und fürchtete die Reaktion seiner Kunden. Wie gesagt, man sollte die Zeit nicht damit verlieren, die Grenze unbedingt zu überqueren.

Gesetze und Realitäten

Bis 2007 konnte eine Stelle an einen Drittausländer erst vergeben werden, nachdem weder ein deutscher Staatsbürger noch ein EU-Bürger für die Stelle gefunden wurde. Das ist verständlich, weil die eigenen Kinder nicht hungern dürfen, während Brot an die Fremden verteilt wird. Aber ich fühlte mich elend, als ich selbst eine Stelle gefunden hatte und meinem Arbeitgeber mitgeteilt wurde, dass meine Stelle beim Arbeitsamt sechs Wochen lang ausgeschrieben werden musste, bevor ich eine Arbeitserlaubnis bekommen konnte. Also bekam ich die Stelle erst, als weder ein Deutscher noch ein EU-Ausländer gefunden wurde.

Wie oft kann ein Arbeitgeber sechs Wochen warten, bevor der Bewerber die Stelle antreten darf, die er selbst gefunden hat?

Airbag Nr. 15: Gesetze werden meistens am grünen Tisch ausgearbeitet und verabschiedet. Nehmen Sie die Entscheidung nicht persönlich. Ein Staat verfolgt nur seine Interessen. Sie müssen Ihren Ausweg aus den Gegebenheiten suchen.

Die Party

Der Afrikanische Verein in Braunschweig veranstaltete im Mai 1997 eine Afroparty in einem Gemeinschaftshaus. Der gemietete Saal befand sich im Erdgeschoss. Ich kam während des Aufbaus und stieß auf empörte Deutsche und Afrikaner, die meinten, dass oben im ersten Stockwerk glatt rasierte Jugendliche eine Feier veranstalteten und ab und zu nach unten kämen, um sie zu belästigen. Es war ungefähr 19 Uhr.

Einige Minuten später kamen tatsächlich zwei Jugendlichen im Alter von ungefähr achtzehn Jahren. Sie liefen durch den Saal, schielten dabei abfällig auf die ersten Gäste und gingen wieder nach oben.

Hysterie machte sich breit. Einige baten mich, die Polizei anzurufen. Da ich in einer Diskothek arbeitete, wusste ich, dass die Polizei uns bei diesem Stand der Dinge wenig helfen würde. Die Beamten würden uns fragen, ob die Jugendlichen etwas getan hätten, ob sie jemand geschlagen hätten, ob sie etwas kaputt gemacht hätten. Wir würden wohl alle Fragen mit »nein« beantworten müssen, und sie würden wieder gehen, ohne die Jugendlichen anzusprechen.

Ich ging einige Stufen nach oben und wartete vorsichtshalber, bis einer den Saal verließ und mir auf der Treppe begegnete. Ich bat ihn, den Veranstalter für mich zu holen. Er ging und kam mit ihm zurück. Einige seiner Mitstreiter folgten ihm. Sie waren alle sehr jung. Ich erklärte dem »Chef«, dass seine Leute unten bei uns gewesen seien und sich viele deshalb gestört gefühlt hatten, dass wir den Raum genau so wie sie gemietet haben, und das Recht hatten in Ruhe zu feiern.

Er ergriff das Wort: »Wir machen hier ein Heimattreffen und Sie machen Ihre Negerparty. Wir können nebeneinander leben. Ich werde dafür sorgen, dass niemand zu Ihnen herunterkommt.«

»Gut«, antwortete ich und fügte hinzu, während ich ihm die Hand reichte: »Ist das ein Ehrenwort?« Er nickte, weigerte sich aber, meine Hand zu nehmen. Ich forderte ihn heraus, mir seine Hand zu geben. »Nein, lass das.« Seine Freunde lachten. Schließlich gab er nach und ich sagte: »Für eine friedliche Nacht nebeneinander.«

Ich ging in den Saal zurück und beruhigte die Gäste. Was ich nicht wusste, war, dass inzwischen jemand die Polizei angerufen hatte. Sie schickten, wie üblich, zuerst zivile Beamte, die sich unauffällig unter die Leute gemischt hatten, um die Lage abzuschätzen. Als ich dann den Polizeiwagen kommen sah, lief ich auf ihn zu und erklärte dem Beamten am Steuer, dass die Lage unter Kontrolle sei. Seine zivilen Kollegen, die hinter mir die Treppe herunterkamen, gaben ihm den gleichen Bericht. Er ignorierte mich und fuhr weiter. Ich ging etwas betrübt zurück zu der Veranstaltung, weil ich das Verhalten des Beamten als einen Fehler empfunden hatte. Warum hatte er mit mir kein Wort gewechselt? Es wäre ein Signal an die »glatt rasierten« Jugendlichen gewesen und mir gegenüber eine Vertrauensdemonstration. Da ich kein Polizist bin, kann ich diese Methode wohl nicht verstehen.

Die Party verlief friedlich. Keiner störte uns, aber als ich um 3 Uhr nach Hause aufbrechen wollte, war ein Reifen meines geliehenen Autos mit dem Messer zerstochen worden.

Airbag Nr. 16: *Denken Sie an Airbag 1., nicht alle, denen Sie begegnen, werden Sie mögen. Der Junge hat das Wort »Negerparty« verwendet, um mich zu provozieren. Es war wie Wasser auf dem Rücken einer Ente. Es fließt herunter, ohne dass die Ente nass wird. So achtete ich überhaupt nicht auf das Wort und blieb ruhig. Diese Haltung konnte ihn nur entgeistern und verunsichern. Erkennen Sie die Provokationen und tappen Sie nicht in eine Falle.*

Airbag Nr. 17: *Ich blieb auf der Treppe, weil ich ihren Raum nicht betreten sollte. Ein Zutritt könnte als Hausfriedensbruch gesehen werden. Die Distanz ist gleichzeitig ein Schutz, um die Lage einzuschätzen, um mich gegebenenfalls leicht zurückziehen zu können, wenn sie mich bedrohen. Ein bisschen Mut gehört dazu, wenn Sie im Ausland leben wollen. In diesem Fall hätte mir nur eine Schusswaffe erheblichen Schaden zugefügt. Im Fall einer Schlägerei oder eines Messerangriffs wusste ich, dass ich nicht allein war. Sie müssen nur auf Ihre Wortwahl und Ihren Ton achten. Ein Befehlston ist in solchen Fällen nicht ratsam.*

68

Ich habe dem jungen Veranstalter ganz freundlich erklärt, dass wir beide den Abend gemeinsam verbringen müssen, ob uns das gefiele oder nicht. Genauso ist es ratsam, nachts grölenden Jugendlichen aus dem Weg zu gehen, egal, ob in Deutschland oder sonst wo, denn sie sind oft auf Streit aus.

Zum eigenen Schutz sollten Sie unbekannte Orte meiden oder mit Bekannten, die sich auskennen, besuchen. Setzen Sie sich in öffentlichen Verkehrsmitteln unweit vom Fahrer.

In U-Bahn oder Straßenbahn wählen Sie möglichst die Waggons, die nicht menschenleer sind, und vermeiden Sie Verhaltensweisen, die als Provokation aufgefasst werden könnten.

Unverhältnismäßigkeiten

Immer wieder werden viele Menschen wegen ihrer Herkunft angegriffen oder beleidigt. Einige Opfer ziehen vor Gericht. So ein Fußballer, der einen Deutschen wegen rassistischen Sprüchen angezeigt hat. Die Ansichten der Gesetzgeber sind zwar gut, aber bevor Sie sich über jemanden ärgern oder ihn anzeigen, versuchen Sie zu sehen, was für ein Mensch derjenige ist. Neid oder ähnliche Gefühle können dazu führen, dass jemand Sie beschimpft. Sie besitzen ein teures und schönes Auto oder ein Haus. Es gibt auch viele Leute, die psychisch instabil sind, denken Sie daran. Ihre Verärgerung ist nur dann berechtigt, wenn der andere ein vergleichbares Niveau mit Ihnen hat.

Airbag Nr. 18: Sie müssen immer die Interessen desjenigen, der Sie beschimpft, vor Augen haben. Wenn Zuschauer im Fußballstadion mit Affenrufen versuchen einen afrikanischen Spieler zu ärgern, hoffen sie nur, dass er sich so ärgert, dass er grobe Fouls begeht und vom Spielfeld verbannt wird. Wer sein Gehör ausschalten kann, hat schon gewonnen. Die FIFA hat zwar viele Strafen für die gegnerischen Mannschaften vorgesehen, aber wie sieht es in allen anderen kleinen Stadien aus, wo keine Kamera vorhanden ist?

Gegen die Macht der Diskotheken

2004 beschwerte sich ein palästinensischer Freund bei mir, weil ihm der Zugang zu einer Diskothek versperrt wurde. Er wollte nur seine Freundin abholen. Der Türsteher wies ihn zurück mit der Begründung: »Ich lasse dich nicht herein, weil du ein Ausländer bist«.

Obwohl ich meinen Freund mehrere Tage nach dem Vorfall getroffen hatte, war er völlig fertig. Ich fand die Geschichte noch interessanter, weil der Palästinenser selbst ein Café betrieb. Einige Tage später las ich in der Zeitung, dass ein Afroamerikaner aufgrund seiner Hautfarbe eine andere Diskothek nicht betreten durfte. Dann war ein junger Afro-Deutscher aus einer Nachbarstadt dran. Der Junge wurde gerade achtzehn und wollte mit seinen Freunden feiern, als er zurückgewiesen wurde. Seine Freunde blieben solidarisch und kehrten mit ihm um.

Ich spürte, dass die Leute mir all diese Geschichten berichteten und die Zeitungsartikel unter meine Nase legten, weil sie eine Reaktion von mir erhofften. Immerhin hatte ich als Kolumnist in einem Stadtmagazin eine Bühne. Also veröffentlichte ich den Monat darauf folgenden Artikel:

Ich besuchte meinen arabischen Freund Halid in Okerstadt. Er lud mich in eine Diskothek ein. Als wir die Diskothek jedoch betreten wollten, versperrte uns der Türsteher den Weg. »Sie dürfen hier nicht rein!«,

»Wieso?« fragte Halid empört.

»Ausländer dürfen nicht rein.«

Wütend und verletzt gingen wir nach Hause zurück. Mein Freund überlegte, an die Okerstädter Zeitung zu schreiben. Ich riet ihm von dieser Idee ab und erklärte ihm, dass meiner Erfahrung nach solche Artikel nichts bewirken. Zwar werden sich einige Leute aufregen, aber mehr wird nicht passieren. Die anderen Gäste werden weiterhin in die Lokale gehen. Diese Artikel sind vielleicht auch eine Art Reklame für das Lokal. Wer keinen Ausländer treffen möchte, geht lieber dorthin.

Er wollte aber nicht aufgeben und überlegte, Anzeige zu erstatten. Wieder war ich dagegen. Denn der Richter geht nach Paragrafen vor, der Sozialarbeiter bringt seine Wut zum Ausdruck, hat aber keine Macht. Außerdem, wer lebt eigentlich mit den Ausländern? Den Richtern, den Politikern und den Sozialarbeitern ist die Erfahrung in einer Diskothek mit Ausländern unbekannt. Sie können die Realität nicht nachvollziehen. Also müssen wir etwas anderes unternehmen.

Inzwischen war in der Okerstädter Zeitung von anderen Fällen die Rede. Ein Amerikaner hatte sich auch über die Abweisung in einer Diskothek beschwert. Danach gab es viele Leserbriefe, unter anderem einen, in dem ein Farbiger von dem Hausrecht des Wirtes sprach. Dies ist meiner Meinung nach falsch. Während ein Wohnzimmer privat ist, ist eine Diskothek ein öffentlicher Raum, wo Willkür nichts zu suchen hat. Einem Gast in meiner Wohnung zeige ich, wo er zu sitzen hat, aber in einer Gaststätte ist dies anders, er ist mein Kunde. Es gibt genauso viele Deutsche, die sich asozial verhalten. Eine geschlossene Gesellschaft ist wieder etwas anderes. Wo der Türsteher nur sagt : »Der Zutritt ist Ausländern verboten«, kann man aus Sparmaßnahmen auch den Türsteher entfernen und ein Plakat mit der Aufschrift »Nur Deutsche« oder »Nur Weiße« anbringen. Und so können wir mit der Rassentrennung anfangen.

Also fingen mein Freund und ich an, einige Diskothekenbetreiber nach ihren Erfahrungen mit Migranten zu befragen. Heraus kam, dass manche ausländischen Gäste sich schlecht benehmen. Sie treten in Gruppen auf, verunsichern die Gäste, haben Probleme mit der Freiheit von Alkohol- und Liebekonsum, den sie in ihrer Heimat nicht kannten. Es wurde auch erzählt, dass einige Afrikaner sehr aufdringlich mit den Frauen reden. Nach dieser letzten Erkenntnis befragten wir wiederum die Damen. Einigen war das egal, sie fühlten sich stark genug, um sich vor wildem Anbaggern zu schützen. Einige Gäste gaben zu, dass sie Probleme haben, wenn plötzlich eine Mehrzahl von Farbigen in einer Diskothek erscheint.

Nach all diesen Aussagen ist es fraglich, ob diese Gründe allein ausreichen, um einen Menschen zu verletzen, indem man ihn diskriminiert. Ist dies historisch vertretbar? Die Türsteher sind zwar gut gebaut, aber wie viel Menschenkenntnis besitzen sie, um die ausländischen Mitbürger zu unterscheiden? Die Sicherheitsfirmen sollten ihre Angestellten nicht nur auf Gewalt schulen, sondern auch in Diplomatie. Man kann doch einzelne Rowdys rauswerfen und eine schwarze Liste von Unruhestiftern einführen. Die Polizei macht ihre Arbeit auch sehr gut, wenn sie gerufen wird. Eine Schranke vor der Tür wegen Hautfarbe und Herkunft finden wir in diesem Jahrhundert nicht zeitgemäß.

Mein Freund plante also eine Gegenmaßnahme. Er fotografierte heimlich alle Diskothekenbetreiber und Türsteher, die weiterhin trotz der Gespräche Migranten den Zutritt verwehrten. Er verteilte ihre Fotos und Namen an alle türkischen Lebensmittelhändler, an ausländische und einige deutsche Gastronomen. Er bat diese, den diskriminierenden Wirten und ihren Türstehern Ladenverbot zu erteilen. Viele waren überzeugt und beteiligten sich an der Aktion. Immer wenn einer der Clubs eine Veranstaltung mit ausländischen DJs oder Bands ankündigte, nahm Halid Kontakt mit den Agenturen auf, damit die Künstler ihr Engagement überdenken. Parallel dazu startete er ein Programm mit der Stadt, damit die neuen Migranten einen Crashkurs in Sachen deutscher Kultur und Gebräuche machten. Beziehungsweise, den Afrikanern wurde erklärt, dass ein »Nein« einer deutschen Frau »nein« heißt.

Schließlich wurden einige Ausländervertreiber vernünftig und revidierten ihr Verhalten.

Obwohl diese Geschichte frei erfunden war, reagierte ein Diskothekbetreiber wütend nach der Veröffentlichung. Im Grunde genommen können die Diskotheken in Braunschweig auf die ausländischen Kunden verzichten. Sie brauchen sie nicht. So solidarisch werden die Deutschen kaum sein, eine Diskothek zu boykottieren, weil die Ausländer zurückgewiesen werden. Sie können sich immer auf ihr Recht berufen, ihre Gäste auszusortieren. Etwas, das anders wäre, wenn die Stadt dauernd von vielen Touristen besucht würde.

Jeder Mensch in dieser Welt bietet immer eine Angriffsfläche. Man muss nur suchen. Die Restaurants sind mehrheitlich in den Händen der ausländischen Mitbürger. Viele Künstler kommen aus dem Ausland. Ich habe nur den Spieß umgedreht.

Airbag Nr. 19: *Die Tatsache, dass die Ausländer die Diskotheken nicht betreten dürfen, hat wenig mit ihrer Person oder Hautfarbe zu tun, sondern mit ihrer Zahlungskraft. Die Betreiber trauen den Ausländern als Kunden kein dickes Portemonnaie zu. Wie oft werden die Leute in den Läden, wo teure Klamotten verkauft werden, schief angeguckt, wenn sie nicht aussehen, wie einer, der Geld hat.*

Arbeit für alle

Während des Studiums bereitet die Suche nach einem Job und nach einer Wohnung, neben den Prüfungen, den Studierenden die größten Sorgen. Zu meiner Zeit waren die Bestimmungen für eine entgeltliche Tätigkeit der ausländischen Studenten nicht all zu streng. Die Studentinnen und Studenten durften bis zu zwanzig Stunden wöchentlich arbeiten, sobald sie ihre Immatrikulationsbescheinigung vorgelegt hatten. Sie brauchten keine zusätzliche Genehmigung. Die Bestimmungen wurden schärfer, nachdem berichtet worden war, dass viele junge Afrikanerinnen und Afrikaner ihre Zeit nur noch den Jobs widmeten. Das hatte allerdings mit ihrer prekären Lage zu tun, denn die Zahl der Stipendiaten wurde Jahr für Jahr weniger. Aber die Bundesregierung unter Schröder brauchte nach und nach diese kleinen Jobs für ihre Sozialhilfeempfänger.

Meine eigenen Erfahrungen bei der Suche nach einem Job waren nicht so erfreulich. Ich versuchte es zuerst über Anzeigen und bei der Jobvermittlung des Arbeitsamts, meine Suche blieb ergebnislos. Dann änderte ich meine Taktik. Ich bewarb mich nicht mehr um Stellen, die in den Zeitungen standen. Meine Überlegung dabei war, dass die Anzeigenschalter die Wahl hatten zwischen mehreren Bewerbungen, und aus diesem Grund fand ich es besser, den Spieß umzudrehen und derjenige zu sein, der aus mehreren einen potenziellen Arbeitgeber aussucht. Ich wählte vier aus: eine deutsche Kurierdienstfirma, einen afrikanischen Kioskbesitzer, einen amerikanischen Hamburgerdealer und einen afrikanischen Diskothekbetreiber. Ich war ziemlich sicher, dass eine mögliche Absage dieser Unternehmen nichts mit meiner Herkunft zu tun haben würde, weil ich unter ihrer Belegschaft Ausländer gesehen hatte. Und tatsächlich: Die Kurierfirma und die Diskothek stellten mich ein. Ich suchte danach nie wieder einen Studentenjob in Deutschland. Ich blieb in der Diskothek bis zum Ende meines Studiums.

Airbag Nr. 20: *Sobald es der Wirtschaft schlecht geht, sind die Ausländer die Ersten, die den Zugang zur Arbeit verlieren.*

Airbag Nr. 21: *Um böse Überraschungen zu vermeiden, ist es besser, dem Arbeitgeber oder dem Wohnungsvermieter am Telefon mitzuteilen, dass man Ausländer ist.*

Interesse vor den Augen

Ein Freund fand, nach langer Suche, einen Job in einer Firma. Der Leiter kam eines Tages ins Lager, hielt kurz inne, guckte ihn mit einem vielsagenden Blick an und ging. Am Ende des Arbeitstages bedankte sich der Meister, er brauche keine Aushilfe mehr. Ein paar Tage später bekam er dieselbe Anschrift von der Vermittlerin des Arbeitsamtes, nachdem er sich erneut um einen Job beworben hatte. Er gab auf und weigerte sich in seiner Enttäuschung, den Mitarbeitern des Arbeitsamtes sein Erlebnis zu erzählen. Wie sollte er beweisen, dass er diskriminiert worden war? Außerdem konnte er niemanden zwingen, ihn einzustellen, er wollte auch lieber in einer angenehmen Umgebung arbeiten. Wir verwendeten meine Methode, sich einen Arbeitgeber auszusuchen, der Ausländer beschäftigt. Er fand eine Stelle in einer Gärtnerei.

Eines Tages kam er wütend zu mir, er wollte den Job wegen Rassismus kündigen. Warum? Sein Vorarbeiter habe ihn als »Neger« beschimpft. Zuvor hatten sie sich wegen einer Lappalie gestritten. Ich sah die ganze Mühe, die es uns gekostet hatte, diese Stelle zu finden, und fragte ihn, ob er blöd sei. »Wer verliert, wenn du die Stelle aufgibst?« fragte ich. Er würde hungern, und der andere würde entspannt zur Arbeit gehen. Mein Freund schimpfte, er könne solche Beleidigungen nicht ertragen.

»Gab es Zeugen?« Er nickte. Sie hatten empört reagiert, aber mehr könnten sie nicht machen, weil sie wahrscheinlich um ihren Arbeitsplatz fürchteten. Ich versprach ihm, dass wir das regeln würden, er dürfe nicht aufgeben.

Ich schrieb am Tag darauf einen Beschwerdebrief an die Geschäftsleitung der Gärtnerei, indem ich mich als Passant ausgab, der das Ganze miterlebt hatte. Es wäre schade, dass in ihrer Firma Mitarbeiter sich mit solchen Wörtern streiten, fügte ich hinzu und schrieb weiter: »... ich weiß nicht, wie der Afrikaner heißt, aber während die anderen Kollegen versuchten, die beiden zur Vernunft zu bringen, hörte ich, wie der Deutsche mit dem Namen Dieter gerufen wurde.«

Mein Freund wurde am nächsten Tag früh geweckt und in die Zentrale des Unternehmens bestellt. Der Vorarbeiter Dieter entschuldigte sich bei ihm. Er habe nichts Böses mit dem Wort »Neger« gemeint, sein Vater habe gegen den Nationalsozialismus gekämpft und er selbst sei bestimmt kein

Rassist ... usw. Mein Freund arbeitete problemlos sechs weitere Jahre, bis zum Ende seines Studiums, in der Firma.

Airbag Nr. 22: Emotionen und Stolz sind schlechte Berater. Wer hätte gehungert, wenn mein Freund gekündigt hätte? Natürlich er. Also, er durfte nicht seinen Job aufgeben. Man muss immer sein eigenes Interesse vor Augen behalten.

Airbag Nr. 23: Meiner Erfahrung nach geht es in den Betrieben relativ entspannt zu, wenn man es geschafft hat, eingestellt zu werden. Ich habe persönlich während meiner Praktika und Aufenthalte in den Firmen kaum etwas von Ausländerfeindlichkeit gespürt. Ich hoffe, dass dies nicht die Ausnahme ist.

Überleben

Wie oben schon erwähnt ist ein Job während des Studiums für die afrikanischen Studenten lebenswichtig. Auch wenn die Eltern sich am Anfang bereit erklären, das Studium zu finanzieren, entstehen oft im Laufe der Jahre Probleme. Einigen wird das Geld gesperrt, wenn sie aus der Sicht der Eltern nicht mehr auf Linie laufen, oder in der Heimat ändert sich die wirtschaftliche Lage, und die Eltern können nichts mehr schicken. Damit die Studenten bequemer an Jobs herankämen, schlug ich den Mitgliedern vor, dass wir in unserem Vereinsbüro auf dem Campus eine Telefonleitung errichten lassen. Wir würden in der Tageszeitung Anzeigen schalten, um die Braunschweiger zu bitten, uns anzurufen, wenn sie Hilfe beim Umzug, im Büro, bei der Gartenarbeit oder bei Ähnlichem brauchten. Wer dann anriefe, würde schon wissen, dass ein Schwarzer vor seiner Tür sehen würde.

Leider konnte ich meine Vorschläge nicht durchsetzen, denn die afrikanischen Studierenden fanden es einfacher und bequemer, sich an einige Hilfsorganisationen, meist kirchlicher Art, zu wenden. Ich bin nicht gegen die Hilfsorganisationen, ich habe nur die Meinung, dass man seine Möglichkeiten ausschöpfen muss, bevor man sich an eine Bittstelle wendet.

Bezüglich des Wohnens afrikanischer Studentinnen und Studenten zeigte ein Aushang des Studentenwerks im Jahr 1993, worauf stand, dass ausländische Studierende bei der Vergabe von Zimmern im Studentenwohnheim bevorzugt werden, wie ernst die Lage war. Es war nicht leicht, eine Wohnung zu finden. Viele Kriterien sprachen dafür, dass ausländische Studierende mit Mühe Wohnungen fanden. Zunächst einmal waren Studenten, ob Deutsche oder nicht, bei Vermietern generell nicht so beliebt, weil es zu viele Aus- und Einzüge gab, finanzielle Unsicherheit, usw. Die Angst vor Fremden kann die Lage nur noch verschärfen. Aus diesem Grund hatte ich die Idee, im Namen des Vereins große Wohnungen oder Apartments zu mieten und den Mitgliedern unterzuvermieten. Ein Haus oder ein Apartment zu mieten, ist leichter, als einzelne Wohnungen. Wir hätten den Mitgliedern die Erfahrung erspart, Absagen, egal aus welchem Grund, zu bekommen. Ich stieß auf taube Ohren.

Das Eigenheim

Ein Bauingenieur, deutscher Staatsbürger mit äthiopischer Abstammung, wollte in einer Neubausiedlung zwischen Salzgitter und Hildesheim ein Haus kaufen. Die Besichtigung hatte stattgefunden und es fehlte nur noch, die Unterlagen zu unterschreiben. Als er dafür ins Büro der Immobilienfirma fuhr, teilte ihm der Makler mit, dass die Bewohner ihn angesprochen haben und dass sie keinen Afrikaner in ihrer Nachbarschaft haben möchten. Der Äthiopier fühlte sich ohnmächtig. Was konnte er machen? Nichts. Er suchte ein anderes Objekt. Eine vernünftige Entscheidung, sonst hätte er sich in der Nachbarschaft bestimmt nicht wohl gefühlt.

Airbag Nr. 24: *Ausländern, die seit langer Zeit in Deutschland leben, ist manchmal nicht mehr bewusst, dass sie eigentlich Fremde sind. Sie fühlen sich selbstverständlich als Einheimische, bis ein Ereignis sie daran erinnert, dass sie nicht richtig dazugehören. Trotz seines deutschen Passes war der Äthiopier nicht Deutscher.*

Wenn Sie etwas für Ihre Aufenthaltsgenehmigung besorgen müssen und dafür einen Anwalt, einen Steuerberater usw. brauchen, sollten Sie jemanden suchen, der schon mit Ausländern zu tun hatte. Viele Menschen geraten in Panik, sobald ein Ausländer Unterlagen für seine Aufenthaltsgenehmigung benötigt. Sie sind extrem von den Medien beeinflusst und schaffen es manchmal nicht, die Besonderheit Ihres Anliegens zu begreifen, weil ihnen ein Bezug fehlt.

Mischehen und Partnerschaften

Eine Ehe zwischen Einheimischen ist schon nicht einfach. Die von zwei Menschen unterschiedlicher Kulturen braucht auch viel Verständnis und viel Geduld. Sie dürfen die Kulturen der anderen nicht beurteilen, sondern sie so nehmen, wie sie sind. Die Deutschen essen oft Brot am Abend, während der Afrikaner manchmal eine große Schüssel Grießbrei isst. Das sollte möglich sein.

Angst hilft einer Ehe kaum. Die deutschen Partner neigen oft dazu, Angst zu haben, dass der andere sich irgendwann in seine Heimat zurückzieht. Wenn sie kein Vertrauen zueinander haben, dann können sie die Ehe vergessen.

Einer Freundin sagte ich: »Frag dich, was du mir bietest, und nicht, was Deutschland mir bietet. Ich entscheide mich für dich. Nicht für Deutschland. Das bedeutet, dass wir auch in meiner Heimat leben können, wenn ich keine Stelle in Deutschland finde.«

Falls die Schwiegereltern sich quer stellen, müssen Sie sich fragen, ob sie dem Druck standhalten können. Ob der Partner, dessen Eltern gegen die Verbindung sind, bereit ist, sich zwischen Ihnen und seinen Eltern zu entscheiden.

Einer türkischen Schülerin, die mich mal in einem Interview gefragt hat, ob ich mir vorstellen kann, eine Deutsche als Ehefrau zu nehmen, entgegnete ich, dass solche Verbindungen heute ganz normal seien. Ich würde sie eher fragen, ob ich als Schwarzer eine Türkin oder Araberin in Deutschland als Ehefrau nehmen kann. Sie nickte und wurde nachdenklich. Wahrscheinlich hatte sie vorher nicht daran gedacht.

Der andere Elternteil ist auch etwas wert

Ein Junge, dessen Mutter Deutsche ist und der Vater Südafrikaner, wurde, nachdem er mit Begeisterung Harry Potter gelesen hatte, von seiner Mutter zu dem Film eingeladen. Die Mutter wollte dem Sohn einen Gefallen tun. Nach dem Film war der Junge betrübt und gar nicht erfreut. Er hatte gedacht, Harry Potter wäre ein Schwarzer.

Airbag Nr. 25: Kinder aus Mischehen suchen sich die Helden oder Vorbilder bei beiden Volksgruppen ihrer Eltern. Manchmal schämen sie sich für die Herkunft der Eltern, wenn diese Länder in den Medien keine gute Werbung erhalten. Sie sollten alles tun, um den Kindern ihre Herkunftsländer zu zeigen, noch bevor sie das Pubertätsalter erreichen. Dadurch werden sie stark, selbstbewusst und sind ohne Komplexe.

Airbag Nr. 26: Es ist empfehlenswert, den Kindern Bücher aus den Herkunftsländern der Eltern zu beschaffen. Zum Beispiel erhalten Kinder, deren Eltern aus Afrika stammen, keinen Heimatkundeunterricht über ihre Länder. Es ist daher wichtig, den Kindern die Geschichte zu Hause zu erzählen. Selbst Erwachsenen ist diese Suche nach dem Stolz nicht fremd. Sehen Sie beispielsweise, wie die Länder in Wettbewerb treten, damit ihre Forscher anerkannt werden. Die Franzosen lieferten sich einen

Schlagabtausch mit den Amerikanern, damit anerkannt wurde, dass der Franzose Montagnier und nicht der Amerikaner Gallo den AIDS-Virus entdeckt hat. Letztendlich wurde die Entdeckung beiden zugeschrieben. In der Chemie sprechen die Russen vom Gesetz von Lomonossow, während die Franzosen und die Deutschen vom Gesetz von Lavoisier reden.

Die Plakate

Viele Hilfsorganisationen wollen mit wirkungsvollen Plakaten Spenden sammeln. Die Armut ist am besten dargestellt, wenn sie afrikanisch ist. Wird ein afrikanisches Land in den Medien vorgestellt, hört man unmittelbar den Satz: »Eines der ärmsten Länder der Welt«. Ich frage mich, wie man mit dieser Tatsache Respekt gegenüber Afrikanern fordern kann.

Über die Komplexe

Eine Fabel kann das Phänomen der Komplexe schildern. Ein alter Mann macht sich mit seinem jüngsten Sohn auf eine Reise. Beide setzen sich auf einen Esel und trotten los. Sie begegnen Passanten, die sagen, der arme Esel, wie kann er zwei Menschen tragen? Der alte Mann denkt, da sein Sohn noch klein ist, lässt er ihn lieber auf dem Esel reiten. Er steigt ab, zieht den Esel an der Leine und setzt die Reise zu Fuß fort.

Kaum haben sie einige Meter geschafft, treffen sie andere Passanten, die sich empören und sagen, wie ein so kräf-
tiger Junge auf dem Esel sitzen kann, während der arme Vater zu Fuß läuft. Der Sohn steigt ab und der Vater setzt sich
auf den Esel. Dieses Mal finden die Passanten den Vater un-
möglich. Vater und Sohn beschließen, zu Fuß zu gehen. Die
nächsten Passanten, denen sie auf dem Weg begegnen, la-
chen sie aus, weil sie einen Esel besitzen und trotzdem zu
Fuß gehen. Schließlich tragen sie den Esel.

Egal, was sie getan haben, die Passanten haben geme-
ckert. So dumm ist es, wenn man es jedem recht machen
will.

*Airbag 27: Ich möchte Sie mit diesem Beispiel bitten, Sie selbst
und Herr Ihrer Handlungen zu sein.*

Während eines Vortrags

Ich unterhielt mich in einer Sprachschule mit den Teilneh-
mern eines Deutschkurses über das Leben in Deutschland.
Ich stellte die folgende Frage: »Was fällt Ihnen schwer in
Deutschland?«

Eine Tunesierin ergriff das Wort: »Es ist unsere Tradition,
nach dem Ramadan Schafe zu schächten. Hier dürfen wir
das nicht. Warum? Das stört mich. Es ist doch unsere Tradition.«

Mit vorsichtiger Überlegung, um nicht auf Glatteis zu geraten, gab ich ihr die folgende Antwort:

»Ich verstehe, dass Sie weiterhin nach Ihrer Tradition leben wollen. Aber das Leben eines Menschen wird von der Umgebung bestimmt, in der er lebt, und besteht aus Vorsicht und Rücksicht allen gegenüber. Sicherlich gibt es Verhaltensweisen, die in Deutschland völlig normal sind und in Tunesien nicht willkommen wären. Ich habe selbst erst in Europa festgestellt, dass Tiere Gefühle haben und Schmerzen spüren können, dass sie mit Menschen interagieren. Insofern verstehe ich, dass der Umgang mit diesen schutzlosen Wesen reglementiert wird.«

Als die junge Dame darauf bestand, die Möglichkeit zu haben, ihre Schafe zu schächten, habe ich ihr empfohlen, den Ramadan in ihrer Heimat zu verbringen. Es gebe für alles eine Lösung.

Airbag Nr. 28: Fremdenfeindlichkeit lässt sich auch dadurch vermeiden, dass die ausländischen Mitbürger wenig Anlass dazu bieten. Die Allgemeinheit spricht von Anpassen oder Integrieren. Aber ich würde von Rücksicht und Nachsicht reden. Man muss nicht das Schaf auf dem Hof schlachten, weil man dies vorher in der Heimat getan hat. Manche Sachen entsprechen nicht den Bräuchen und man sollte sich daran halten.

Gegen die Bildung von Gruppen

Ich war sehr überrascht, als ich nach Deutschland kam und feststellte, dass die gebürtigen Deutschen sehr selten türkisch sprechen. Die Möglichkeit, die türkische Sprache zu lernen, sollte flächendeckend sein. Wenn jeder türkische

Mitbürger davon ausgeht, dass jeder dritte Deutsche ihn verstehen kann, hätte man keine kompakte Gesellschaft mehr, keine dichte Grenze zwischen türkischen und deutschen Jugendlichen, etwas, das die Integration in beide Richtungen fördern würde.

Der hochqualifizierte Mitarbeiter

Ein indischer Freund ist Wissenschaftler und arbeitet in einem großen Forschungszentrum. Für seine Tätigkeit als Forscher braucht er die deutsche Sprache nicht, weil er seine Berichte in Englisch schreibt. Er ist so beschäftigt, dass er nicht dazu kommt, sich in der Volkshochschule anzumelden, um Deutsch zu lernen. Vieles wird ihm auch von seinem Arbeitgeber abgenommen, die Mitarbeiter der Ausländerbehörde sprechen Englisch mit ihm, bei der Bank, in der Kantine, überall wird Englisch gesprochen.

Wenn er dann irgendwohin gehen muss, wo er davon ausgeht, dass die Leute kein Englisch sprechen, bittet er mich, ihn zu begleiten oder für ihn einen Termin auszumachen. So kam es, dass er mich bat, einen Termin bei einem Augenarzt zu buchen. Als die Frau mir den Termin vorschlug, stellte ich fest, dass ich meinen Freund nicht begleiten konnte. Aus diesem Grund fragte ich die Sprechstundenhilfe am Telefon, ob der Arzt Englisch spricht, sie sagte »ja« und ich nahm den Termin an.

Als mein Freund hinging und dem Arzt sagte, dass er kein Deutsch spreche, ob er Englisch verstehe, antwortete der Arzt:

»Wir sind in Deutschland, wie wäre es, wenn Sie zuerst Deutsch lernen?« Er sprach konsequent mit dem Freund Deutsch. Der verstand fast gar nichts und verließ die Praxis. Ich buchte für ihn einen anderen Termin bei einem anderen Arzt.

Airbag Nr. 29: *Die Politiker wissen oft nicht, was sie in der Bevölkerung bewirken. Einerseits müssen die Ausländer unbedingt Deutsch lernen und einen Integrationstest machen, andererseits braucht man Hochqualifizierte aus dem Ausland, die sofort arbeiten können. Was der kleine Mann auf der Straße hört, setzt er gleich um.*

Das Formular

Eine deutsche Freundin hatte in Nordbenin einen Autounfall und musste sich zum Polizeirevier begeben. Als sie ein Formular erhielt und aufgefordert wurde, es auszufüllen, glaubte sie ihre Augen nicht zu trauen. Sie sollte zusätzlich zu ihrem Namen und Geburtsdatum ihre Rassezugehörigkeit und ihren Stamm schreiben. Empört fragte sie den Kommissar: »Meinen Sie das ernst?«

»Ja, Madame!«

Also schrieb sie: Rasse, weiß, Staatsangehörigkeit: deutsch, Stamm: bayerisch.

Ich bin überzeugt, falls dieser Kommissar nach Frankreich oder Deutschland reisen würde, und so einen Zettel vor die Nase bekäme, wird er schreien und Rassismus gegen seine afrikanische Herkunft vermuten.

Airbag Nr. 30: Niemand ist besser. Oft wissen wir nicht, wie Ausländer in unserer eigenen Heimat behandelt werden. Erkundigen Sie sich über die Rechte der Ausländer in Ihrer Heimat, und wenn Sie eine Behörde auf Ungerechtigkeiten aufmerksam machen können, tun Sie das. Vergessen Sie nicht, was Sie im Ausland erlebt haben. Ich war im Januar 2010 überrascht, bei Radio France International zu hören, dass ein Referendum in Griechenland bevorstünde, um die Rechte der Ausländer zu verbessern. Niemand wird Grieche, sagten die Befragten. Selbst ein Ausländer, der dort geboren ist, kann nie Grieche werden. Nach all dem, was die Griechen in Deutschland durchgemacht haben, bevor sie EU-Bürger wurden, und aufgrund ihrer Geschichte als Seefahrer-Nation hatte ich das nicht erwartet.

Der engagierte Schriftsteller

Ein Freund, mit dem ich in der Vergangenheit zusammen Lesungen gemacht habe, war oft wütend. Da er selbst die Weisheit besitzt, um zu wissen, dass die Wut ein schlechter Berater ist, legte er mir seine Texte vor, damit ich die auswähle, die er lesen sollte.

»Guck mal«, sagte ich, »diese Zuhörer wollen ihren Sonntagnachmittag mit uns verbringen. Willst du ihnen die Laune verderben? Sie haben doch nichts damit zu tun, dass deine Landsleute letzten Monat massenhaft abgeschoben wurden. Du kannst das vor dem Innenminister vortragen ... .« Gott sei Dank, nach seiner Heirat hat seine Frau ihm gesagt, dass er statt nur politische auch Liebesgeschichten schreiben sollte. Er gehorchte ihr und die Liebesgeschichten unterhielten die Zuhörer ausgezeichnet.

Ausländerliebe

Ein Deutscher erzählte mir, völlig enttäuscht, er hätte die Schlüssel seiner Wohnung einem Senegalesen überlassen, damit er aufpasst und die Blumen gießt. Als er zurückkam, bekam er eine sehr hohe Telefonrechnung.

»Und jetzt hassen Sie die Afrikaner«, sagte ich.

»Meine Liebe zu Afrika ist tief. Ich bin nicht so blöd, den Fehler des einen als den Fehler von allen anzusehen. Man muss die Leute ansehen, so, wie sie sind.«

Hilfloser Vermieter

Ein Vermieter, der über die Wohnungsprobleme der ausländischen Studierenden informiert war, gab eine Anzeige auf mit dem Hinweis: »Ausländer erwünscht.«

Die Wohnung wurde an zwei ausländische Studenten aus demselben Land vermietet. Einige Monate später erhielt der Vermieter ein Schreiben vom Einwohnermeldeamt, in dem Auskunft über die Identität eines Dritten verlangt wurde, weil er sich nicht angemeldet hätte. Der Vermieter fuhr in die Wohnung, traf den Dritten, der sagte, er wäre dort erst seit ein paar Tagen, hätte in der Zeit eine

Wohnung gesucht und legte dem Vermieter einen Miet-
vertrag vor.

Der unbekannte Mitbewohner war verunsichert, sprach
schlecht Deutsch und behauptete der Vetter eines Mieters zu
sein, der sich noch an der Universität befand.

»Was nun?« fragte sich der Vermieter, »gibt es ein anderes Wohnrecht für Ausländer?« Einerseits hat der Mieter das
Recht, einen Gast einzuladen, andererseits musste er den
Behörden mitteilen, dass er tatsächlich einen dritten Bewohner gesehen hat. Einige Monate später erschien die Kripo,
die mehr über einen anderen Mieter wissen wollte, der an-
geblich viel reist. Das alles war dem Vermieter zu viel, er
warf alle raus und sagte: »Ich vermiete jetzt nur noch an
Deutsche!«

Retourkutsche

Persönliche Enttäuschungen können entscheidend sein.
Viele Migranten entwickeln manchmal einen Hass gegenüber Bürgern aus dem Land, aus dem sie zurückgekehrt
sind oder sogar abgeschoben wurden. So verbot ein Mann
in Kinshasa einer Europäerin, vor seiner Haustür zu parken.
Einem Passanten, der ihm vorwarf, die Europäerin schlecht
zu behandeln, erwiderte er: »Das sagen Sie jetzt. Wenn Sie
mal in Europa sind, werden Sie sehen, wie Sie dort behandelt werden.«

Im Zug nach Paris

Aus Deutschland kommend fuhr ein Vetter nach Frankreich. Er wusste nicht, dass man in Frankreich die Fahrkarte entwerten muss, bevor man einsteigt. Der Schaffner empörte sich und sagte ihm: »Ich habe die Schnauze voll von euch Dunkelhäutigen.« Ganz entspannt entgegnete ihm mein Vetter: »Es tut mir leid, solange die Front National nicht regiert, werden Sie mit uns leben müssen.«

Voller Spannung

In der Propaganda galten Kommunisten als Anti-Rassisten. Mit dieser Einstellung fuhren die afrikanischen Studenten in die Sowjetunion. Die Ernüchterung war groß, und die Angst, verprügelt zu werden, begleitete sie ständig. Die russischen Frauen, die sich mit den Ausländern, egal aus welchem Kontinent, einließen, wurden als leichte Mädchen angesehen. Unbeeindruckt von diesen Meinungen hängten sich die Freundinnen an den Arm ihrer ausländischen Freunde. Noch heute bewundere ich diese Pioniere der Völkerverständigung, die aufgrund ihrer Liebe zu einem Ausländer beschimpft, mies behandelt und sogar entbürgert wurden, wenn sie ihn heirateten.

Die Studenten, die den Druck nicht aushalten konnten, blieben nach den Vorlesungen im Wohnheim. Diejenigen von ihnen, die nicht allein bleiben wollten und sich nicht in die Stadt trauten, lauerten auf die russischen Frauen, die aufgrund einer Trennung im Flur heulten, um sie zu trösten.

Eines Tages haben beninische Studenten beinahe einen russischen Kommilitonen verprügelt, weil er behauptet hatte, dass ihre Freundinnen leichte Mädchen wären. Während des Streits kam ein älterer Landsmann vorbei. Er beruhigte alle und fragte den Russen, was er denn machen würde, wenn er am Wochenende nach Hause führe und feststellte, dass seine Schwester einen Afrikaner als Freund hätte? Verlegen antwortete der Junge: »Meine Schwester ist zu gut erzogen, um so etwas zu machen.« Der ältere Student entgegnete ihm, das wäre seine Meinung aber nicht die seiner Schwester. Er wandte sich zu seinen jüngeren Kommilitonen und sagte ihnen in Russisch, damit der andere es verstand: »Er ist nur neidisch, dass ihr schöne Freundinnen habt. Verzeiht ihm.« Die Ruhe, mit der der Student aus dem höheren Semester sich unterhielt, hatte die anderen beeindruckt. Sie fragten ihn, wie er zu dieser Selbstbeherrschung gekommen war. Er antwortete, dass er erlebt habe, wie einige Studenten in die Psychiatrie eingeliefert wurden und das Land vor dem Ende ihres Studiums verlassen mussten. Ihre Lage sei schlimm, weil selbst in der Heimat niemand an die Zustände in der Sowjetunion glaubte. Diejenigen, die durchhalten, wären am Ende des Studiums völlig mit den Nerven fertig. Er hätte selbst den Abgrund kommen sehen, an dem Tag, an dem er in einem Supermarkt die Einkaufstüte eines Russen mit den Füßen getreten und den Inhalt unbrauchbar gemacht hatte, nachdem dieser ihn gefragt habe, ob er keine Bananen kaufen wolle. Seine Freundin hätte auf ihn eingeredet und ihm gesagt, dass er sich auf dem Weg zur

Psychiatrie befände. Und so hatte er sich von der Angst befreit und Ruhe gefunden.

Unter anderem Himmel

1978 beschuldigte der damalige Präsident von Benin, Mathieu Kerekou, seinen Kollegen Omar Bongo aus Gabun, sich an einem vereitelten Putsch gegen ihn beteiligt zu haben. Aus diesem Grund versuchte Kerekou ihn während einer Konferenz der Afrikanischen Union zu verprügeln. Die Gabuner empfanden die Geste des beninischen Präsidenten als einen Affront, rannten los und rächten sich an den in Gabun lebenden Beninern.

Als Folge mussten fast alle Beniner die Heimreise antreten. Solche Massenabschiebungen finden immer wieder in anderen afrikanischen Staaten statt. Das Leben als Ausländer ist nirgendwo sicher.

Über den Autor

Der Diplom-Wirtschaftsingenieur Luc Degla wurde im westafrikanischen Benin geboren. Er ist Unternehmer und freier Autor und pendelt zwischen Benin und Deutschland.

LITERATUR

Weiterführende Literatur

· Albagli, Claude/Henault, Georges, La création d'Entreprise en · Afrique , Edicef (Vanves 1996)
· Brinkbäumer, Klaus, Der Traum vom Leben, S. Fischer (Frankfurt 2006)
· Buch, Hans Christoph, Black Box Afrika, zu Klampen Verlag (Springe 2006)
· Gill, Bartolomäus, Ach, Afrika, Siedler (München 2003)
· Götz, Werner, Einkommen für alle, Kiepenheuer & Witsch (Köln 2007)
· Grundzüge der Volkswirtschaftslehre, Mankiw, Schäffer-Poschel (Stuttgart 1999)
· Huntington, Samuel/Harrison, L., Streit um Werte, Goldmann (München 2004)
· Keough, Donald R., Die 10 Gebote für geschäftlichen Misserfolg, Riemann (München 2006)
· Moral, Michel, Le Manager global, Dunod (Paris 2004)
· Sachs, Jeffrey D., Das Ende der Armut, Siedler (München 2005)
· Seitz, Volker, Afrika wird armregiert, DTV (München 2009)
· Smith, Adam, Reichtum der Nationen, Voltmedia (Paderborn)
· Soto, Hernando de, Freiheit für das Kapital, Rowolt Berlin (Berlin 2002

Zeitschriften

· Informationen zur politischen Bildung: Afrika - Schwerpunktthemen, Bundeszentrale für politische Bildung, Nr. 2/ 2009
· Absatzwirtschaft Nr. 2/2009, Artikel: Afrika ist ein Markt mit ungeheurem Potenzial, Christine Mattauch
· Le monde diplomatique vom 16.1.2009, Entwicklungshilfe zum Selbstmachen. Die afrikanischen Migranten tragen die Last, Anne-Cécile Robert und Jean-Christophe Servant
· Braunschweiger Zeitung vom 06.06.2007, Nicht immer Opfer sein, Jasper, Arne
· Süddeutsche Zeitung Nr. 144 vom 26.06.2007, Energiebündel: Wie Heidi Schiller und Wolfgang Hofstätter Regionen in Senegal Strom bringen und auch noch Geld verdienen wollen., Koch, Moritz

Weblinks

· Beninische Regierung, www.gov.bj,
· Deutsche Botschaft, www.cotonou.diplo.de,
· Afrikaverein, www.afrikaverein.de,

Ich danke dem Braunschweigischen Hochschulbund,
ohne dessen Vermittlung dieses Buch nicht erschienen wäre.

Impressum
Mohito Verlag
Am Markt 6
38108 Braunschweig

Gestaltung & Satz:
Burghardt & Tank
www. but-design.de

ISBN: 978-3-9812160-1-1